1960年代〜80年代
空から見た世田谷区渋谷区・目黒区の街と鉄道駅

写真：朝日新聞社、読売新聞社
解説：生田 誠

渋谷駅と東横百貨店西館　1955（昭和30）年頃　（筆者所蔵写真）
地上11階、地下1階の東横百貨店西館（東急会館）がオープンした頃の渋谷の駅と街。デパートの側面には「謹賀新年」「新年初売り出し」の垂れ幕がある。手前に見える商店看板の文字がこの時代を物語っている。

3章【目黒区】

上 (北) 側を東急大井町線が湾曲しながら走っている二子玉川駅の南東の空撮写真で、砂利の産地として有名だった多摩川の流れがよくわかる1枚である。中央やや上に見える遊園地は古い歴史をもつ二子玉川園。右上にのぞいている道路は環八通り(都道311号・国道46号)で、大井町線が通っている南側には五島美術館が存在している。この美術館は東急の創業者である実業家、五島慶太のコレクションを保存、展示するため、1960 (昭和35) 年に開館した。国宝の源氏物語絵巻を所蔵していることで有名である。

画像提供:国土地理院

沿線の
鉄道路線
案内

京王電車沿線案内（昭和戦前期）
「京王電車沿線案内」のタイトルが付いている昭和戦前期の京王路線図である。この当時の始発駅は四谷新宿駅で、山手線の内側に置かれていた。富士山や横浜・浦賀（京浜電鉄）が見える雄大な構成の絵図であり、右側には沿線の多摩御陵、高尾山が描かれている。中央付近には多摩川の流れがあり、その左側に京王閣、多摩川原遊園が広がっている。新宿側で目立つのは明治神宮、代々木線兵場と淀橋浄水場であり、十二双（社）の森と水も見える。

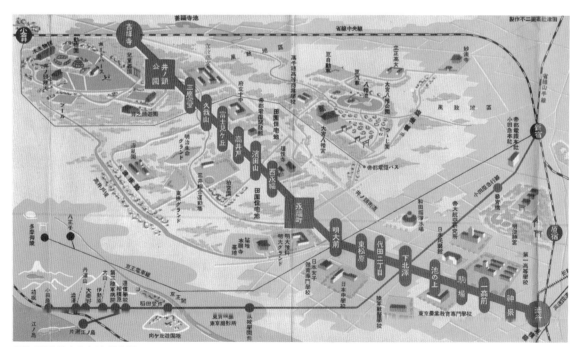

帝都電鉄沿線案内（昭和戦前期）
「井之頭へ」と題された、昭和戦前期の帝都電鉄（現・京王井の頭線）の路線図で、桃色と緑色に塗られた絵図の中央を、太い赤線の井の頭線が走っている。系列の小田急線は細い赤線で示されている。渋谷側では、現在の駒場東大前駅がまだ一高前駅と駒場駅に分かれて存在しており、付近には第一高等学校、日本民藝館、東京農業教育専門学校（現・筑波大学）などが見える。吉祥寺側では井之頭遊園、井ノ頭辨天などが見える井の頭恩賜公園がある。

京王電車沿線案内

京王電車
四谷新宿
電話四谷(35)三一三・三一四

京王帝都電鉄沿線案内

京王帝都電鉄沿線案内（部分）
（昭和戦後期）

京王線と井の頭線を合わせた、京王帝都電鉄（現・京王）の昭和戦後期の路線図（部分）である。新宿付近には京王帝都電鉄本社・新宿京王映画、新宿御苑、渋谷付近には神宮外苑が見える。左下には多摩川が流れており、京王遊園や日活撮影所などがある。世田谷区の名所では芦花恒春園が大きく描かれている。また、京王線の北側に見える東京朝顔園は戦後、杉並区に誕生した永福町朝顔園が世田谷区北烏山に移転しており、その後は京王百花苑、百草園に移管されたといわれる。

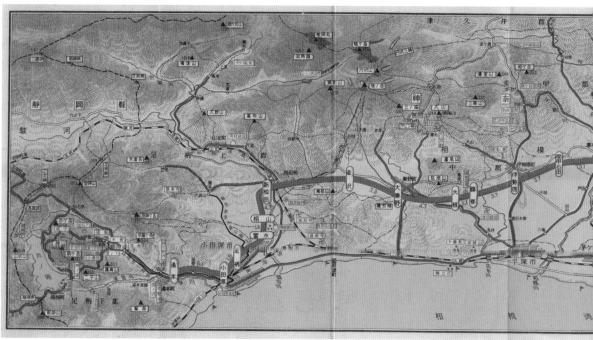

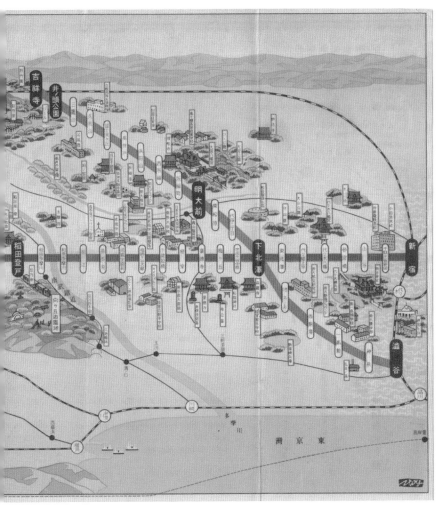

【小田急・帝都電鉄路線図（昭和戦前期）】
新宿駅から小田原、片瀬江ノ島駅に至る
小田急電鉄と、渋谷駅から吉祥寺駅ま
で延びる帝都電鉄（現・京王井の頭線）
を合わせた２つの鉄道の路線図である。
この当時、帝都電鉄は小田急の傘下にあ
り、新宿駅の隣駅であった千駄ヶ谷新田
（現・南新宿）駅の前には小田急本社・
帝都電鉄本社と書かれたビルが存在し
ている。その隣駅は、現在は廃止されて
いる山谷駅である。渋谷駅付近には神
宮外苑が描かれており、聖徳記念絵画館
らしき建物が見えている。

【小田急路線図（昭和戦後期）】
東京都内・新宿と神奈川県の観
光地、小田原・箱根方面と藤沢・
江ノ島方面を結んでいる小田急
の路線図である。赤く描かれて
いるのは当時の市街地で、沿線
の東京側では経堂付近まで市街
地が広がっていたことがわかる。
また、世田谷・大田区付近では
三軒茶屋、田園調布あたりまで
が赤く塗られている。沿線の学
校では成城学園前付近に成城学
園、経堂付近に東京農業大学が
あり、その先の稲田登戸（現・向ヶ
丘遊園）駅方面に明治大学、専修
大学が進出していた。

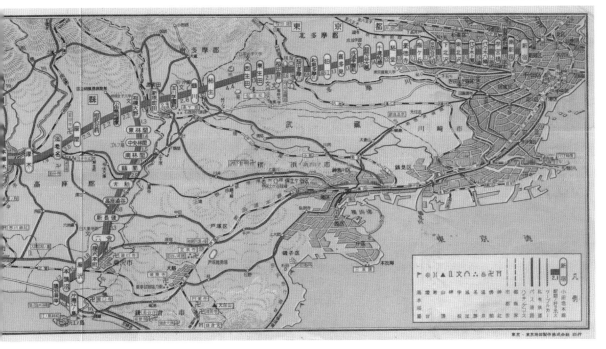

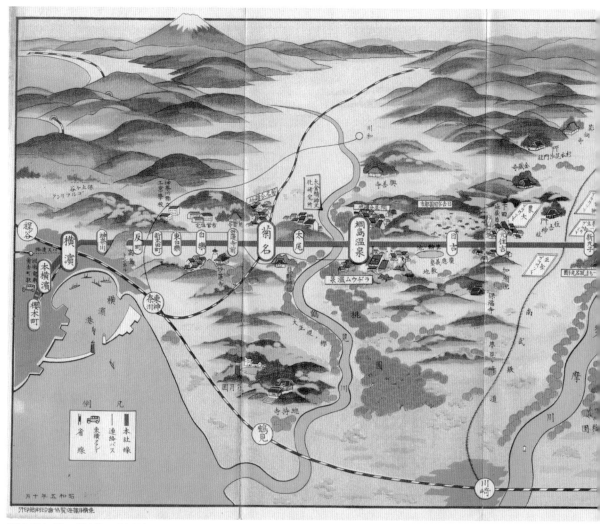

【東京横浜電鉄・目黒蒲田電鉄路線図 (昭和戦前期)】
東横線に現在の目黒線、大井町線、多摩川線を合わせた、昭和戦前期の東急の目黒蒲田電鉄・東京横浜電鉄 (現・東急) の路線が赤い太線で描かれている。東横線には、並木橋駅という現存しない駅も見える。また、碑文谷、柿ノ (の) 木坂駅は、現在は学芸大学、都立大学駅に駅名を改称している。ここで不思議に思えるのは、蒲田駅から延びるもうひとつの路線、現・池上線が描かれていないこと。このときの池上線は池上電気鉄道であり、ライバルの目黒蒲田電鉄からは無視された形である。

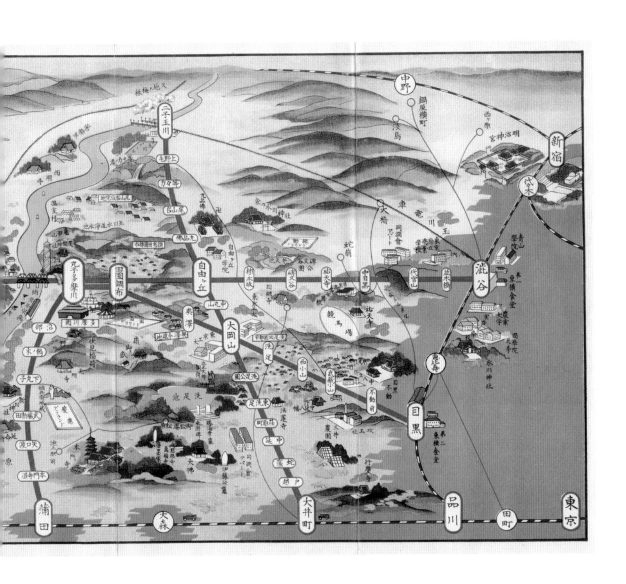

9

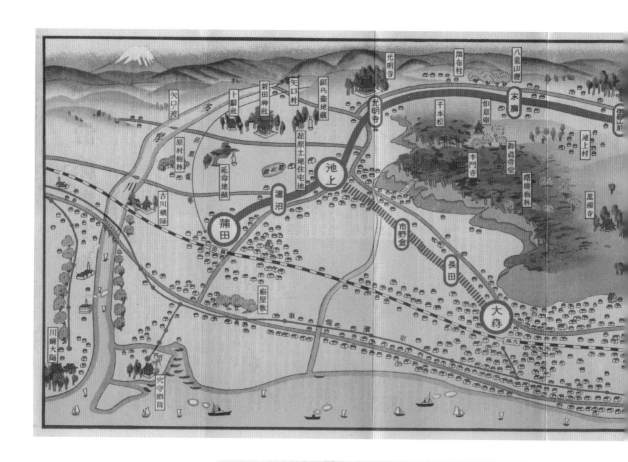

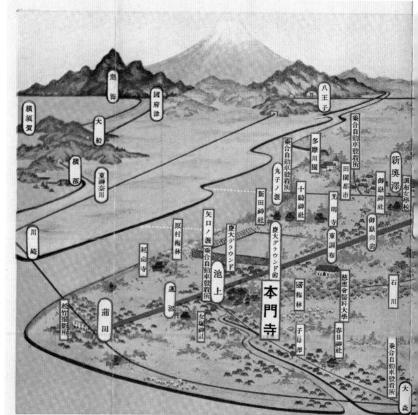

【池上電気鉄道路線図（昭和戦前期）】
五反田駅まで延伸を果たした池上電気鉄道の路線図である。ここで注目したいのは、雪ヶ谷（現・雪ヶ谷大塚）駅から新奥沢駅まで延びる新奥沢線の存在である。この新奥沢駅は1928（昭和3）年に開業し、1935（昭和10）年に廃止される短命の路線だった。なお、この間の1934（昭和9）年には池上電気鉄道が目黒蒲田電鉄に統合されている。また、この地図に見える調布大塚駅は1933（昭和8）年に雪ヶ谷駅に統合されて、雪ヶ谷大塚駅となる。

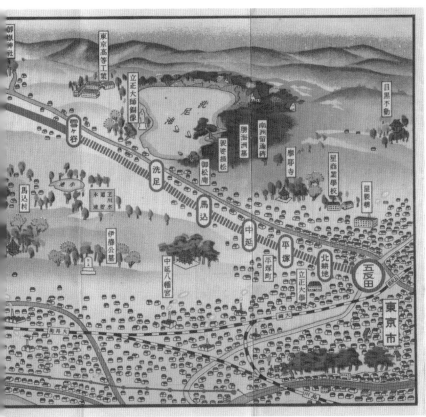

【池上電気鉄道路線図（大正期）】
東急池上線の前身である池上電気軌道
は、1922（大正11）年にまず蒲田～池上
間が開業し、1923（大正12）年に雪ヶ谷
（現・雪ヶ谷大塚）駅まで延伸している。
この先、大崎広小路方面に延伸するのは
1927（昭和2）年であるから、これは大
正末期の路線図である。なお、池上～末
広（現・久が原）間に見える光明寺駅は
1926（大正15）年に廃止されるので、そ
の廃止前の状態が示されている。また、
点線で描かれているように大森方面へ
の延伸計画もあった。

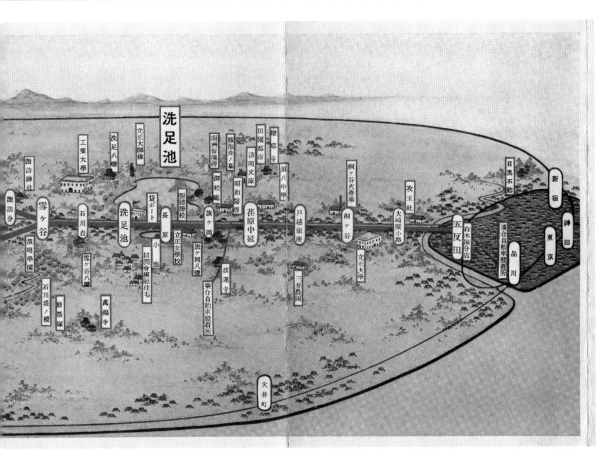

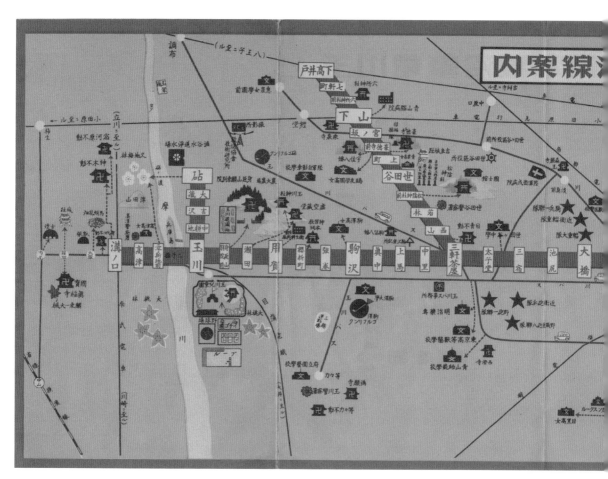

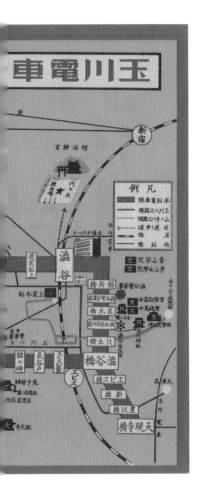

【玉川電気鉄道路線図（大正～昭和戦前期）】
現在の東急田園都市線のルーツとなる、玉川電気鉄道（玉川電車・玉電）の路線図3点である。玉川電気鉄道は1907（明治40）年に渋谷～玉川間が開業。富士山が見える大正期の路線図では、多摩川を渡る二子橋は架橋されておらず、玉電も神奈川県川崎市側には延びていなかった。点線で示された玉川～砧（村）間が開業するのは、1924（昭和3）年のことである。残る2枚の路線図は、1927（昭和2）年に玉川線（本線）が溝ノ口駅まで全通し、下高井戸（現・世田谷）線、天現寺線、中目黒線が揃った時期の路線図である。本線の延伸部分では、下の絵図で示されている二子停留場（駅）が、上の路線図では二子新地前駅と変わっている。この駅名改称は1935（昭和10）年頃とされており、下の絵図の方が古いことがわかる。上の路線図には、渋谷に東横デパート（後の東急百貨店東横店）が誕生している。

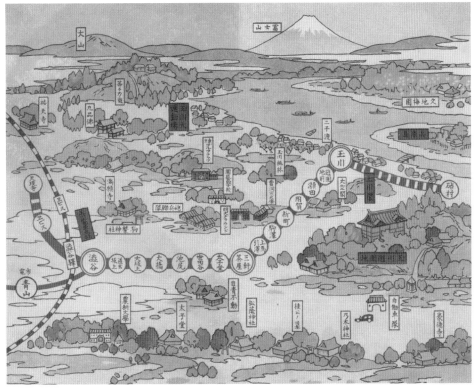

はじめに

　東京の街は、空に向かって延び続けている。そのひとつのピークが地上634メートル、2012（平成24）年の東京スカイツリーの誕生であることは誰もが認めるところだろう。しかし、この街の膨張はその後もとどまることを知らず、渋谷や八重洲、虎ノ門などで超高層ビルの建設が続いている。

　そんな東京で地上333メートルの東京タワーが幅を利かせていた昭和の時代、新聞社などの航空機、ヘリコプターから街を撮影した写真を集めたのがこの本である。戦後の混乱から復興しつつ、数々のビルが立ち上がり、新しい道路が張り巡らされつつあった頃である。新聞社の腕利きのカメラマンは、東京各地の上空から新しい建物、道路に対してレンズを向けていた。まだ、戦災の爪跡は街のところどころに残っていたが、1964（昭和39）年の東京オリンピックを目指して、種々の建設工事、インフラ整備がいたるところで行われていた。その中で鉄道路線は高架に変わり、地下に潜った駅もあったし、高速道路（自動車道）が開通したのもこの頃である。

　そんな現場風景を捉えた空撮写真のおもしろさは一体、どこにあるのだろうか。その答えはひとつではないはずだ。それは見る側の年齢、暮らしていた場所、地上から垣間見た当時の経験などが多種、多様であるからだ。もちろん、この時代に生まれていなかった方もいるだろうから、全く目新しい風景も多いことだろう。そんな新鮮な発見は、筆者も同じであり、多くの人にも等しく味わっていただきたいという願いをもって解説文などを認めた。さらに国土地理院が地図作成用に撮影した写真、当時の地図、戦前の写真、鉄道路線図なども載せて、内容は盛りだくさんに仕立ててある。空撮写真の魅力の発見は、読者のおひとりおとりにお任せし、できるだけ多くの方に本を手に取っていただき、感想などもうかがいたいと思っている。

2022年11月　　生田　誠

第1章
Setagayaku

世田谷区

【ピー・シー・エル映画製作所（昭和戦前期）】
世田谷区の成城・砧にある東宝スタジオは、日本国内における最大規模の撮影スタジオとして有名である。撮影スタジオのルーツは写真科学研究所（PCL）が1932（昭和7）年に建設したピー・シー・エル映画製作所で、後に東宝映画東京撮影所となって、砧撮影所とも呼ばれた。

大原交差点
1967（昭和42）年

多くの自動車が走る世田谷区大原2丁目の大原交差点の空撮である。上下に走るのは工事中だった甲州街道（国道20号）、左右に走るには環七通り（都道318号）で、この交差点は現在でも事故発生の多い場所となっている。このあたりは世田谷区の北端にあたり、北東は渋谷区、北西は杉並区になっており、南西には京王線の代田橋駅が存在している。大原2丁目には東京都水道局の和田堀給水所が存在するが、その名称は明治期に和田堀内村、大正期に和田堀町があり、和田堀浄水池（前身）が設けられたことに由来している。
◎撮影：朝日新聞社

八幡山
1990（平成2）年

烏山川（用水）が流れる世田谷区の八幡山地区は農業が盛んであり、この空撮写真が撮影された1990（平成2）年においても、かなり広い農地が残されていた。現在は八幡山駅の西側から南に延びる交通量の多い環八通り（都道311号）が通っており、広い規模の農地はほとんど消えてしまった。農業用水として使われてきた烏山川も次第に暗渠化されて、地上から水の流れは消えていった。現在は、閑静な住宅地が広がる八幡山1丁目にある植松農園ではブルーベリーの栽培、つみとり体験が行われている。
◎撮影：読売新聞社

烏山北団地
1973(昭和48)年

1966(昭和41)年から1978(昭和53)年にかけて建設された、世田谷区北烏山にある東京都住宅供給公社の烏山北住宅。南北に長く続く団地で、杉並区久我山との境界付近に存在し、京王井の頭線の久我山駅、京王線の千歳烏山駅から徒歩圏内に位置している。これは団地内を横切るように中央自動車道が建設されていた1973(昭和48)年の空撮写真である。左上に見える緑の線は玉川上水であり、この先の下流部分では中央自動車道の下を流れる暗渠となっている。
◎撮影:読売新聞社

北烏山
1973（昭和48）年

日蓮宗の寺院、幸龍寺を中心とした世田谷区北烏山の航空写真で、この北烏山2・4・5・6丁目付近は多くの寺院が存在するため「烏山寺町」と呼ばれている。寺院が多く集まった理由は、関東大震災後の大正末期から昭和初期にかけて、浅草、本所などで被災した寺院が移転してきたからである。幸龍寺は徳川家康の時代に浜松で創建された寺院で、家康に従って江戸に移り、震災前には浅草に広い境内があった。26の寺院のうち真言宗豊山派の多聞院は唯一、戦後の1949（昭和24）年に墓地が、1954（昭和29）年に本堂と庫裏が移転してきた。◎撮影：朝日新聞社

下北沢
1957（昭和32）年

小田急線と京王井の頭線が交差する下北沢駅周辺は、1960年代から1980年代にかけて、活気のある若者文化の街として、演劇や音楽、ファッションなどの流行を発信してきた。これはその少し前、1957（昭和32）年に撮影された航空写真で、平凡な家並みが続く街のようにも見える。地上を走る小田急線では「開かずの踏切」の存在が有名だったが、2013（平成25）年の連続立体交差事業で地下駅となったことで、歩行者と車の不便は解消された。小田急線の跡地には2022（令和4）年に「下北沢線路街」が全面開業している。
◎撮影：読売新聞社

成城
1961（昭和36）年

1961（昭和36）年、世田谷区の成城1丁目付近の上空から成城、砧、祖師谷周辺を写した空撮で、中央やや上を小田急線が走っており、左側に走行中の電車が見える。成城1丁目には世田谷区立砧中学校、お隣の喜多見6丁目には歴史の古い砧小学校があり、この2年後の1963（昭和38）年には武蔵工業（現・東京都市）大学付属中学校・高校がやってくる。また、東宝スタジオ（砧スタジオ）は、戦前のピー・シー・エル映画製作所をルーツとする老舗の映画スタジオである。
◎撮影：朝日新聞社

三軒茶屋
1957（昭和32）年

元は大山道と登戸道が分岐する場所に3軒の茶屋が並んでいたという郊外の鄙びた風景が一変し、現在は多くの家屋が建ち並ぶ繁華街、住宅地に発展した三軒茶屋の空撮写真である。この頃は東急玉川線が玉川通り（国号246号）上を走っており、ここから分かれて右奥の下高井戸方面に進んでゆく下高井戸（現・世田谷）線の専用軌道も見える。現在は東急田園都市線の三軒茶屋駅は地下に移されており、世田谷線の地上駅（停留場）は再開発された複合ビル（キャロットタワー）1階に入っている。
◎撮影：読売新聞社

駒沢練兵場
跡地
1954（昭和29）年

練兵場とは、陸軍（兵隊）の練習場のこと
で、東京には明治時代、日比谷、青山などに練兵場があったが、次第に郊外に移っていった。駒沢付近には1891（明治24）年に近衛騎兵第一聯隊が移転してきた後、1897（明治30）年に駒沢練兵場が開かれた。その範囲は広く、現在の世田谷公園や池尻、三宿あたりに広がっており、名残として陸上自衛隊三宿駐屯地、自衛隊中央病院が残っている。世田谷公園は1959（昭和34）年に都立公園として開園し、後に世田谷区に移管された。
◎撮影：朝日新聞社

駒沢陸上
競技場
1963(昭和38)年

1963(昭和38)年5月、スタジアムの外郭が出来上がりつつあった駒沢陸上競技場が見える空撮写真である。翌年に開催された東京オリンピックでは、国立競技場、秩父宮ラグビー場などとともに、サッカー競技の会場となった。この駒沢陸上競技場では、日本代表はアルゼンチン、ガーナ、チェコスロバキアとの3試合を行い、アルゼンチン戦では3対2で勝利している。その後も主にサッカー競技の会場となり、全国高等学校サッカー選手権大会などが開催されている。
◎撮影:読売新聞社

瀬田
1967（昭和42）年

東急玉川線の路面電車（玉電）がまってい
た頃の玉川通り（国道146号）と環八通り
（国道466号）が交差する世田谷区瀬田
の瀬田交差点付近の空撮で、既に歩道橋
が誕生している。この後、瀬田電停（駅）が
置かれていた玉電は廃止されて、地下を走
る新玉川（現・田園都市）線に変わり、瀬田
交差点には玉川通りが環八通りの下を通
るアンダーパスが設置された。「瀬田」の地
名は全国に存在するが、多摩川を挟んだ東
京都世田谷区と神奈川県川崎市高津区の
両方に存在している。
◎撮影：朝日新聞社

玉川高島屋
1969（昭和44）年

1969（昭和44）年、二子玉川の地に姿を現わしつつあった玉川高島屋が見える。この玉川高島屋は当初、横浜高島屋の支店であったが、1995（平成7）年に横浜店から独立する。玉川高島屋（S・C）は日本初の本格的な郊外型ショッピングセンターで、現在は南館も加わっており、この店の存在が高級住宅地・二子玉川の人気を高める要因のひとつになったとされる。手前を走るのは玉川通り（国道246号）で、この先で多摩川を渡って川崎市の二子新地方面に向かう。
◎撮影：朝日新聞社

二子玉川園
1960（昭和35）年

大勢の来園者で賑わう遊園地「二子玉川園」の園内風景てある。1954（昭和29）年、戦前には干川第二遊園地（読売遊園）があった場所に、東急不動産が遊園地を再開させた。園内には豆汽車が走り、飛行塔や子ども自動車などの遊具のほか、食堂や運動場などが存在した。二子玉川（園）駅から東に約200メートルという交通の便利な場所にあったが、周囲の宅地開発が進む中、1985（昭和60）年に閉園した。跡地は二子玉川タイムスパークを経て、現在は二子玉川ライズになっている。
◎撮影：読売新聞社

多摩川
1982（昭和57）年

多摩川に二子橋と新二子橋が架かっている、東京都世田谷区（右）と神奈川県川崎市
（左）にまたがる地域の空撮写真である。江戸時代、大山街道を通る旅人のために二
子の渡しがあった二子玉川付近には1927（昭和2）年、二子橋が架けられ、玉川電気
鉄道（玉電）が橋の上を通った。また、かつてのこのあたりは鮎漁などを楽しむ人々が訪
れる行楽地で、川沿いには柳屋などの料亭が建ち並んでいた。また、1909（明治42）年
には玉川遊園地が開かれ、1985（昭和60）年まで遊園地「二子玉川園」が存在した。
◎撮影：朝日新聞社

代田橋付近
1975（昭和50）年

画像提供：国土地理院

左上には和泉水圧調整所の2つのタンクが見え、中央やや左上あたりには和田堀給水所が見える。どちらも東京都水道局の施設であり、玉川上水から淀橋浄水場への送水路があった場所であることを示している。北側には京王線が通り、代田橋駅が置かれている。さらに北側には首都高速4号新宿線と甲州街道（国道20号）がほぼ東西に通っている。現在の京王線は、京王電気軌道時代には甲州街道の上を走っていた。中央やや右を南北に走っているのは環七通り（都道318号）である。

下北沢付近
1975(昭和50)年

画像提供：国土地理院

びっしりと家屋が密集している世田谷区の東部、小田急線と京王井の頭線が交差する下北沢駅を中心とした空撮写真である。小田急には東北沢駅と世田谷代田駅、井の頭線には池ノ上駅と新代田駅が置かれている。中央上に見える学校は私立の正徳中学校、高等学校で、2003（平成15）年に下北沢正徳高校に校名を改称している。オリンピック選手を輩出した女子バレーボールの名門校である。おしゃれタウン・下北沢の街が周囲に広がる下北沢駅の東北には、下北沢病院が存在している。

八幡山付近
1975（昭和50）年
画像提供：国土地理院

上（北）側を京王線が走り、上北沢駅と八幡山駅が置かれている。八幡山駅の左（西）側には環八通り（都道311号）が走っている。この左側には世田谷区立芦花小学校、芦花中学校が並んで存在している。京王線の南側、中央付近に広がっているのは都立松沢病院。もともとは巣鴨にあった東京府巣鴨病院だったが、1918（大正7）年に広い土地を求めて世田谷にやってきて、病院名を改称した。中央下に顔をのぞかせているのは、明治大学ラグビー部の八幡山グラウンドである。

経堂付近
1975(昭和50)年
画像提供：国土地理院

中央上（北）を小田急線が走っており、右（東）側に豪徳寺駅、左（西）側に経堂駅が置かれている。経堂駅前からは淡島通り（都道423号）が東側に向かって延びている。小田急線の北側を通っているのは、北沢川の流れがあった場所で、現在は北沢川緑道、ユリの木通りが整備されている。豪徳寺駅から南に向かう世田谷線の宮の坂停留場（駅）の東側にあるのは井伊家ゆかりの曹洞宗の名刹、豪徳寺。西側に見えるのは世田谷区立世田谷小学校と世田谷八幡宮である。

太子堂・三宿付近
1975（昭和50）年

画像提供：国土地理院

玉川通り（国道246号）が走っている三軒茶屋駅の北東部を写した空撮写真で、このあたりは学校や幼稚園が多い地域となっている。最も有名なのは、玉川通りの南側にある昭和女子大学だが、その東側には現在、世田谷区立三宿中学校、池尻小学校がある。また、中央右上（北東）に見える広いグラウンドをもつ学校は、私立の世田谷学園中学校、高校である。もともとは江戸市中にあった歴史の古い仏教系の教育機関で、1913（大正2）年に現在地に移転して、1924（大正13）年に世田谷中学（旧制）となっていた。

三軒茶屋付近
1975（昭和50）年

画像提供：国土地理院

中央右上（北東）に五差路となっている三軒茶屋の交差点が見える。ここは玉川電気鉄道（玉電）時代から、世田谷における交通の要地であった。さかのぼれば、江戸時代に大山道に沿って三軒の茶屋があったことが地名の由来となっている。交差点の北側を延びるのは、下北沢と三軒茶屋を結ぶ世田谷区道で、茶沢通りと呼ばれている。通り沿いには西友三軒茶屋店が存在しているが、かつてここにはスタジオamsという映画上映スペースがあり、演劇、演芸などの公演も行われていた。

二子玉川付近
1975（昭和50）年

画像提供：国土地理院

再開発が進められていた頃の多摩川沿い、二子玉川付近で、玉川通り（国道246号）の
バイパス建設の様子が見て取れる1枚である。二子橋の上流に姿を現わしている新二
子橋はこの前年（1974年）に竣工しており、1978（昭和53）年から供用開始された。
二子玉川駅の北側に見える大きな建物は、この地域の中心となった商業施設、玉川高
島屋S・Cで、国道246号のバイパスはこの後、北側に延びて玉川通りと結ばれる。その
北側にある学校は世田谷区立二子玉川小学校である。

田園調布付近
1975（昭和50）年

画像提供：国土地理院

左下（南西）に見えるに東横・目黒線の田園調布駅の西側には、扇状に高級住宅地が広がっている。田園調布駅の所在地は大田区田園調布3丁目であるが、北側は世田谷区の奥沢、東を通る環八通り（都道311号）のさらに東側は世田谷区の東玉川となっている。駅の東、環八通り沿いに見える学校は大田区立田園調布中学校である。中央付近を現・目黒線の奥沢駅方面から南下してくる道路は自由通りで、世田谷区立奥沢中学校の西側、東玉川交差点で南東方向にやや向きを変えて、池上線の雪ヶ谷大塚駅へ向かってゆく。

昭和初期の世田谷

二子橋　1935（昭和10）年頃
「帆船は流れる」というタイトルのついた1935（昭和10）年頃の多摩川、二子玉川付近の写真である。橋の上では荷車を引く人、自転車に乗る人、川面を見下ろす人が見える。二子橋は東京市（都）と神奈川県を結ぶ橋であり、対岸は現・川崎市高津区の二子地区で、玉電（現・田園都市線）の二子新地（前）駅が置かれていた。舟底の浅い帆船（帆掛け舟）は、下流に砂利を運ぶための舟で、帰りは南風に乗って中流域まで上ってきた。

三軒茶屋　1935（昭和10）年頃
三軒茶屋の交差点を玉川電車（玉電）や自動車が行き交う風景で、手前左には交差点、バス停に立つ大勢の人が見える。三軒茶屋駅は1907（明治40）年に玉川電気鉄道（玉電、後の東急玉川線）の駅が開業し、1925（大正14）年に現・世田谷線との分岐点となった。現在の三軒茶屋駅は、1977（昭和52）年に新玉川線の地下駅として開業し、2000（平成12）年に新玉川線が田園都市線に編入されて同線の駅となった。

用賀付近の水田　1935（昭和10）年頃
松林、雑木林などが見える丘陵を背景にして、豊かな水をたたえた水田が広がる世田谷区の田園地帯が見える、現在からは想像できない長閑な風景である。説明には「早春の水田」と書かれており、1935（昭和10）年頃に用賀付近で撮影されたものである。用賀には1907（明治40）年に玉川電気鉄道（玉電）の用賀電停（駅）が誕生。新玉川（現・田園都市）線の用賀駅は1977（昭和52）年に地下駅として開業している。

烏山付近の甲州街道　1935（昭和10）年頃
甲州街道（現・国道20号）が通っていた世田谷区の烏山付近の風景で、自動車の姿はなく、人影もまばらである。現在の烏山地区は国道20号の烏山バイパスを境にして、北烏山と南烏山に分かれており、南烏山を通る京王線に千歳烏山駅が置かれている。また、芦花公園駅の所在地も南烏山3丁目である。芦花公園駅は蘆花恒春園（芦花公園）の最寄り駅であることからその名が付いたが、開業当時（1913年）は上高井戸駅と呼ばれていた。

経堂付近　1935 (昭和10) 年頃
新しい戸建ての住宅が建ち始めた頃の経堂付近の風景である。世田谷区における住宅建設は、小田急、京王などの私鉄沿線では、省線（現・JR）沿線に比べて遅れていたと説明されている。小田急の経堂駅は1927 (昭和2) 年の開業だが、当時の駅周辺は福昌寺がもつ荒れた草原で、地元住民が駅舎建設の費用を負担したといわれている。「経堂」の地名の由来は御経を収める堂宇が由来とされ、京風の「京堂」とも呼ばれたことがある。

世田谷通り　1935 (昭和10) 年頃
自動車の後姿が見える世田谷1丁目付近の風景である。自動車の存在とともに、右側には茅葺屋根の鮮魚店、「ラヂオデンキ」の看板が見えるなど、新旧が混ざり合った昭和戦前期の東京郊外のアンバランスな風景といえなくもない。世田谷通りは現在、都道・神奈川県道3号世田谷町田線として整備されており、三軒茶屋を起点にして約27キロ離れた町田市中町1丁目まで続いている。この先では津久井道、鶴川街道の呼び名がある。

目黒川の上流　1935（昭和10）年頃
目黒川は、東京のサクラの名所として有名であり、品川にある荏原神社付近で東京湾に注ぐ川として知られている。上流は北沢川と烏山川であり、世田谷区三宿の東仲橋付近で合流して、目黒川となって流れる。現在は合流部分から下流の600メートルほどが暗渠化され、地上には目黒川緑道が整備されている。この写真でも両岸に葉を落とした桜の並木が見え、春にはお花見の人々で賑わう様子がうかがえる。

成城学園付近の住宅地　1930（昭和5）年頃
1927（昭和2）年、小田急小田原線が開通すると祖師ヶ谷大蔵～喜多見間に成城学園前駅が誕生した。その2年前（1925年）に牛込から移転してきた成城高等学校（成城学園）の校長だった小原國芳には駅を誘致して住宅地を開発し、利益を上げて校地も整備する目的があった。彼の目論見通り、成城地区は世田谷の高級住宅地として有名になってゆく。

世田谷区内の
鉄道駅舎

地上駅舎と構内踏切が存在していた頃の京王線の代田橋駅、1965（昭和40）年の元旦の風景である。コートを着た男性の姿はまさに昭和そのものだった。代田橋駅の所在地は世田谷区大原2丁目。駅の開業は1913（大正2）年で、これまで駅名の改称は行われていない。
◎代田橋
1965（昭和40）年1月1日
撮影：荻原二郎

京王線と井の頭線の接続駅となっている明大前駅は1913（大正2）年、京王線の火薬庫前駅として開業し、1917（大正6）年に松原駅に改称している。現在の「明大前」の駅名になるのは1935（昭和10）年である。一方、井の頭線の駅は1933（昭和8）年に帝都電鉄の西松原駅として開業している。
◎明大前
1964（昭和39）年9月27日
撮影：荻原二郎

大勢の人が信号待ちをする踏切と急行電車が見える京王線の下高井戸駅の風景で、東急世田谷線との連絡駅となっている。1993（平成5）年に橋上駅舎をもつ地上駅に変わり、現在は駅周辺で立体交差事業が進められている。駅の所在地は世田谷区松原3丁目だが、北側は杉並区となっている。
◎下高井戸
1965（昭和40）年1月10日
撮影：荻原二郎

1965（昭和40）年、構内踏切で上下
線のホームが結ばれていた頃の桜
上水駅の駅舎、踏切である。その後、
地下コンコースを利用する構造に
なったが、2008（平成20）年には
南北自由通路をもつ橋上駅舎に変
わった。「桜上水」の駅名、地名は、
駅北側の玉川上水にある桜並木に
由来する。
◎桜上水
1965（昭和40）年1月10日
撮影：荻原二郎

現在は地下に駅舎が存在する上北
沢駅だが、この頃には地上に駅舎
が置かれていた。この駅舎及び構
内踏切が廃止され、地下駅舎が完
成するのは1993（平成5）年であ
る。駅の所在地は世田谷区上北沢
4丁目で、同じ世田谷区内でもこ
の「上北沢」と「下北沢」は大き
く離れた場所に存在している。
◎上北沢
1965（昭和40）年1月10日
撮影：荻原二郎

「八幡山」といえば、明治大学のラ
グビー部の本拠地、八幡山グラウ
ンドがあることで知られる。明大
グラウンドは駅の南側、八幡山2
丁目に存在するが、駅の所在地は
杉並区上高井戸1丁目で、構内は
世田谷区にまたがっている。「八幡
山」の地名、駅名の由来は、八幡神
社に由来するとされる。
◎八幡山
1965（昭和40）年1月10日
撮影：荻原二郎

芦花公園駅

小説「不如帰」で知られる作家、徳富蘆花が住んでいた邸宅がこの駅の南側にあり、現在は都立公園「蘆花恒春園」として公開されている。1913（大正2）年に開業した京王線の上高井戸駅は1937（昭和12）年に芦花公園駅に改称した。現在は、南烏山1丁目にある世田谷文学館の最寄り駅にもなっている。
◎芦花公園
1966（昭和41）年2月18日
撮影：荻原二郎

千歳烏山駅

1957（昭和32）年までは島式ホーム2面4線の構造だった千歳烏山駅は現在、相対式ホーム2面2線の地上駅に変わっている。これは1964（昭和39）年に撮影された駅前の風景で、小さかった駅舎が見える。2011（平成23）年に駅改良工事が完了し、改札口は北口・南口（地下）、西口（地上）の3か所になった。
◎千歳烏山
1964（昭和39）年11月15日
撮影：荻原二郎

池ノ上駅

現在は橋上駅舎に変わっている井の頭線の池ノ上駅。これは構内踏切が存在した地上駅舎時代のホーム、駅舎の風景である。駅の所在地は世田谷区代沢2丁目で、かつてこのあたりには代田村、下北沢村が存在しており、「代沢」の地名は「代田」と「下北沢」を合わせたものである。
◎池ノ上
1967（昭和42）年4月6日
撮影：荻原二郎

下北沢駅

1963（昭和38）年、京王井の頭線の下北沢駅、吉祥寺側の駅舎、改札口である。この当時は地上を走っていた小田急線へは、渋谷側の階段を使って連絡する形だった。下北沢駅は小田急との連絡駅である上、渋谷の隣の急行停車駅であるため、乗り換えの人で混雑する駅となっている。
◎下北沢
1963（昭和38）年4月3日
撮影：荻原二郎

代田二丁目駅

この時代には「代田二丁目」の駅名を名乗っていた井の頭線の新代田駅。駅の所在地は世田谷区代田5丁目である。1933（昭和8）年に開業し、駅名の改称は1966（昭和41）年に行われている。かつて、小田急線の世田谷代田駅との間には、代田連絡線と呼ばれる線路が存在していた。
◎代田二丁目（現・新代田）
1965（昭和40）年2月14日
撮影：荻原二郎

東松原駅

現在は橋上駅舎に変わっている井の頭線の東松原駅だが、この時代にはホームの延長線上に改札口があり、渋谷側と吉祥寺側に駅舎が存在した。駅の所在地は世田谷区松原5丁目で、松原地区の東端に位置しており、京王線にはかつて松原（現・明大前）駅が存在した。渋谷側のお隣となる新代田駅とは、わずか450メートルしか離れていない。
◎東松原
1964（昭和39）年9月27日

相対式ホーム2面4線がある地上駅だった頃は普通列車だけが停車し、下北沢駅に向かう急行列車などの通過待ちを行っていた東北沢駅。現在は同じく普通列車だけが停車する、島式ホーム1面4線の地下駅になっている。駅の所在地は世田谷区北沢3丁目で、北沢地区の東側に存在している。
◎東北沢
1969（昭和44）年4月
撮影：山田虎雄

地上駅だった頃の1963（昭和38）年、小田急の下北沢駅の階段付近であり、大晦日であるためか、人の姿は少ない。この後、2004（平成16）年から小田急線の連続立体化・複々線工事が始まり、2013（平成25）年に小田急の下北沢駅は地下駅に変わっている。
◎下北沢
1963（昭和38）年12月31日
撮影：荻原二郎

江戸時代、このあたりには代田村があり、1889（明治22）年の市制・町村制の施行の際に整理統合されて、世田ヶ谷村の一部になった。1927（昭和2）年の小田急線の開通時に駅が誕生した際には「世田谷中原」を名乗っていたが、1946（昭和21）年に現在の駅名である世田谷代田駅となっている。
◎世田谷代田
1969（昭和44）年4月
撮影：山田虎雄

現在のような高架駅に変わる前、地上駅だった頃の梅が丘駅で、駅舎の後ろには跨線橋が見えている。この駅は1934（昭和9）年に開業。2000（平成12）年前後に高架化の工事が進められて、現在は相対式ホーム2面4線の高架駅となっている。駅の所在地は世田谷区梅丘1丁目である。
◎梅ヶ丘
1963（昭和38）年
撮影：荻原二郎

豪徳寺駅の西側には、東急世田谷線が走っており、小田急線はその線路をまたぐ形で西に進んでゆく。豪徳寺駅では1994（平成6）年から高架化・複々線化の工事が始まるが、これはかつて、盛り土の上の高架部分にあった頃の駅舎である。豪徳寺の駅名、地名は南にある井伊家の菩提寺、豪徳寺に由来している。
◎豪徳寺
1963（昭和38）年12月29日
撮影：荻原二郎

経堂駅ではこの写真が撮影された1960（昭和35）年当時、駅舎の改良工事が行われており、翌年（1961年）には構内踏切が廃止されて、ホーム間を結ぶ地下道が設けられた。ご覧のように小さかった木造駅舎も、現在では立派な高架駅に変わり、駅直結のショッピングモール「経堂コルティ」が誕生している。
◎経堂
1960（昭和35）年
撮影：荻原二郎

地上駅だった頃の千歳船橋駅の改札口付近であり、すぐ目の前には駅前交番が存在した。千歳船橋駅の開業は1927（昭和2）年で、当時は東京府北多摩郡千歳村に所属していた。その後、東京市（都）世田谷区に変わり、周囲はベッドタウンとして発展。現在は相対式ホーム2面4線の高架駅となっている。
◎千歳船橋
1963（昭和38）年12月29日
撮影：荻原二郎

現在は2面4線ホームをもつ高架駅になっている祖師ヶ谷大蔵駅。2000（平成12）年前後にこの駅付近の高架複々線化の工事が行われる前は、相対式ホーム2面2線をもつ地上駅だった。駅名の由来は、北多摩郡千歳村の大字「下祖師ヶ谷」と砧村の大字「大蔵」を組み合わせて生まれた。
◎祖師ヶ谷大蔵
1963（昭和38）年12月29日
撮影：荻原二郎

駅舎に向かう階段の前に商店が並んでいた頃の成城学園前駅。現在は地下にホームを有する地上駅のスタイルに変わり、2006（平成18）年には駅ビル「成城コルティ」が誕生している。駅の所在地は成城6丁目。「成城」は成城学園が移転してきた後に誕生した地名であり、もとは北多摩郡砧村だった。
◎成城学園前
1963（昭和38）年12月29日
撮影：荻原二郎

三角屋根のおしゃれな駅舎が存在していた喜多見駅の駅前風景である。この頃は地上駅であったが、1997（平成9）年に相対式ホーム2面4線を有する高架駅に変わっている。駅の所在地は世田谷区喜多見9丁目で、「喜多見」の地名は江戸時代以前には「木田見」「北見」と表記されていた。
◎喜多見
1963（昭和38）年12月15日
撮影：荻原二郎

池尻大橋駅

1977（昭和52）年に開業した新玉川（現・田園都市）線の池尻大橋駅だが、東急玉川線（玉電）時代には、「池尻」と「大橋」という2つの電停（駅）が存在した。玉川通り（国道246号）の下にある地下駅であり、世田谷区池尻と目黒区大橋・東山にまたがって存在し、地上出入口も4カ所が設けられている。
◎池尻大橋
撮影日不詳
撮影：山田虎雄

三軒茶屋駅

東急の三軒茶屋駅は、田園都市線の駅が玉川通り（国道246号）の下にある地下駅で、世田谷線の駅がキャロットタワーに入る地上駅となっている。付近は「三茶」の愛称で知られる繁華街であり、昭和女子大学や日本大学三軒茶屋キャンパス、世田谷学園中学・高校などがあり、学生・生徒も多く利用している。
◎三軒茶屋
撮影日不詳
撮影：山田虎雄

駒沢大学駅

1977（昭和52）年に東急の新玉川線の駅として開業した駒沢大学駅。文字通り、駒沢大学の最寄り駅であるが、駒沢オリンピック公園の最寄り駅でもあり、戦前からの東急玉川線時代にあった真中電停（駅）の位置を受け継いでいる。駅の所在地は世田谷区上馬4丁目である。
◎駒沢大学
撮影日不詳
撮影：山田虎雄

桜新町駅

「長谷川町子美術館前」の副駅名が付けられている田園都市線の桜新町駅。駅の南側には、「サザエさん」でおなじみの長谷川町子美術館が1985（昭和60）年に開館している。南西には、戦前には東京府立第十一高等女学校（後に桜町高等女学校）だった、都立桜町高校が存在している。
◎桜新町
撮影日不詳
撮影：山田虎雄

用賀駅

東急玉川線の用賀電停（駅）から新玉川線の用賀駅となり、現在は田園都市線の用賀駅として、砧公園、世田谷美術館などの最寄り駅となって、多くの人が利用している。駅の構造は相対式ホーム2面2線をもつ地下駅である。駅の所在地は世田谷区用賀2丁目で、西側に東名高速道路の東京インターチェンジ、首都高速3号渋谷線の用賀出入口がある。
◎用賀
撮影日不詳
撮影：山田虎雄

二子玉川園駅

「祝田園都市線開通」のモニュメントが見える二子玉川園（現・二子玉川）駅の駅前風景である。駅名が示すように、遊園地などもある多摩川沿いの景勝地に位置した駅だったが、周辺において宅地化が進んだことで、高級住宅地の中核を成す商業施設、公共施設が集まるおしゃれな駅舎、駅前と変わっている。
◎二子玉川園（現・二子玉川）
1966（昭和41）年4月
撮影：山田虎雄

九品仏駅

1929（昭和4）年に開業した東急大井町線の九品仏駅。現在の自由が丘駅は1927（昭和2）年の開業から九品仏駅（初代）を名乗っており、二代目の九品仏駅である。駅の所在地は世田谷区奥沢7丁目で、北側には駅名の由来となった浄土宗の寺院、九品仏浄真寺が存在している。
◎九品仏
1961（昭和36）年10月14日
撮影：荻原二郎

尾山台駅

「武蔵工業大学　南へ約十分」という立て看板が見える尾山台駅の駅前風景である。武蔵工業大学は1929（昭和4）年創立の武蔵高等工科学校をルーツとし、2009（平成21）年に東京都市大学となっている。尾山台駅もこの当時は島式ホーム1面2線の構造だったが、1964（昭和39）年に相対式ホーム2面2線の駅に変わった。
◎尾山台
1961（昭和36）年10月14日
撮影：荻原二郎

「等々力」という地名で思い出されるのは、この駅の南側に続く等々力渓谷だろうか。現在は散策道がある公園になっており、等々力不動尊も存在する。1929（昭和4）年に開業した地上駅で、島式1面2線のホームをもち、現在も駅両脇の道路と駅舎を結ぶ構内踏切が残る構造となっている。
◎等々力
1961（昭和36）年10月14日
撮影：荻原二郎

現在の北口の位置にあった上野毛駅の旧駅舎である。2006（平成18）年から駅舎の改修工事が始まり、2007（平成19）年に新駅舎（正面口）が誕生し、2010（平成22）年に北口が再建され、改札口が2カ所となった。地上駅であり、1面3線（通過線含む）ホームの構造となっている。
◎上野毛
撮影日不詳
撮影：山田虎雄

2022（令和4）年、北口の新駅舎、駅ビルが誕生した奥沢駅。これは従来から南口にある駅舎、駅ビルである。駅の所在地は世田谷区奥沢7丁目で、北側には元住吉検車区奥沢車庫が存在している。もともとは目蒲（現・目黒）線、大井町線、池上線を管轄する目黒検車区で、1948（昭和23）年に創設された。
◎奥沢
撮影日不詳
撮影；山田虎雄

右奥に下高井戸線のホームが見える三軒茶屋駅（電停）付近の写真で、すれ違おうとする東急玉川線（本線）の車両が見える。この2か月後の1969（昭和44）年5月、渋谷〜二子玉川（園）間の本線が廃止されて、切り離された下高井戸線は世田谷線と名称を変えて、存続することになる。
◎三軒茶屋
1969（昭和44）年3月6日
撮影：荻原二郎

廃止直前の東急玉川線（本線）の車両が、二子玉川園（現・二子玉川）駅で折り返し運転を待つ姿である。左上には田園都市線の高架線が見える。この後、1977（昭和52）年には旧玉川線（玉電）から変わった新玉川線が開通。2000（平成12）年には新玉川線が田園都市線に統合されることになる。
◎二子玉川園
1969（昭和44）年2月15日
撮影：荻原二郎

1953（昭和28）年、東急下高井戸（現・世田谷）線の下高井戸駅で、線路は大きくカーブして南側の松原方面に向かってゆく。この北側では東西に走る京王線の下高井戸駅と連絡している。「下高井戸」は「上高井戸」「高井戸西」などとともに杉並区の地名であり、かつては豊多摩郡に高井戸村（町）が存在した。
◎下高井戸
1953（昭和28）年
撮影：竹中泰彦

世田谷区内の1万分の1地図

建設省地理調査所発行地形図

松原・赤堤
1955年
(昭和30年)

北側を走る京王線と南側を走る小田急線。東西方向に走る2本の私鉄の間を、東急下高井戸 (現・世田谷) 線が結んでいる世田谷区の地図である。小田急線の豪徳寺駅と連絡する玉電山下駅は1969 (昭和44) 年に山下駅となっており、同様に玉電松原駅は松原駅に変わっている。京王線の下高井戸駅付近には、世田谷区立松沢小学校があり、その先の西側には都立松原高校、日大教養部 (世田谷キャンパス) が見える。一方、下 (南) 側では、西を流れる北沢用水沿いに区立赤堤小学校が置かれている。

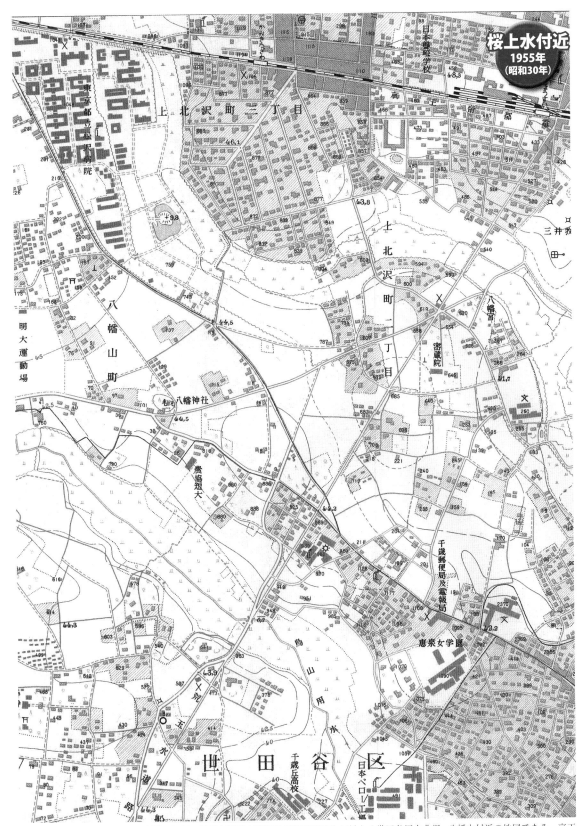

地図右上（北東）の桜上水駅の東側から南に延びる荒玉水道道路（都道428号）が見える世田谷区上北沢、八幡山付近の地図である。京王線の開業は1913（大正2）年で、当初は上北沢駅しか存在せず、桜上水駅の開業は1926（大正15）年であり、当初の駅名は「北沢車庫前」だった。また、西側に見える都立松沢病院は歴史が古く、現在の八幡山駅は1918（大正7）年、現在地の東側で松沢駅として開業している。中央やや左に見える協同組合短期大学（農協短大）は1955（昭和30）年、産業組合中央会により設置され、1973（昭和48）年に廃止された。

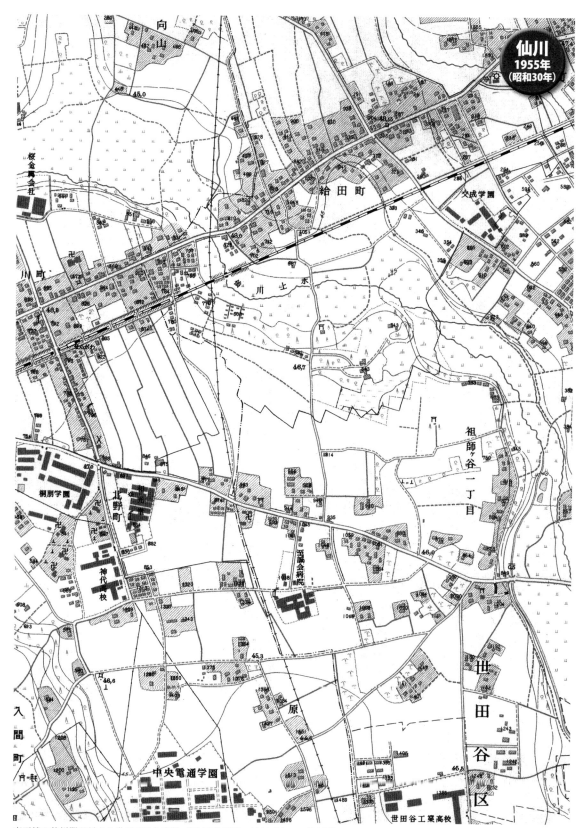

仙川
1955年
（昭和30年）

桜金属会社

向山

給田町

交成学園

川町

仙川上水

祖師ヶ谷一丁目

桐朋学園

北野町

神代高校

至誠会病院

入間町

世田谷区

中央電通学園

原

世田谷工業高校

京王線の仙川駅が見える世田谷区北西部、調布市北東部の地図である。仙川駅は1913（大正2）年に開業し、1717（大正6）年に現在の駅名となった。駅の所在地は調布市仙川町1丁目である。京王線は北側を通る甲州街道に沿って走っているが、この後、北側に烏山バイパスが開通している。現在はさらに北側に中央自動車道が通っている。南側を走る道路は都道118号で、古くは滝坂道と呼ばれており、この先で京王線を越えて、仙川2丁目交差点で国道20号に合流する。

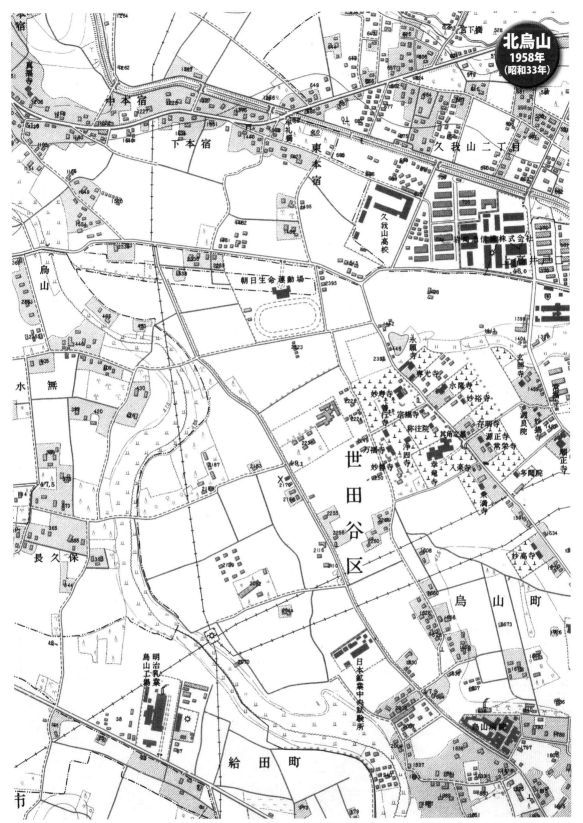

中本宿

下本宿

東本宿

久我山二丁目

久我山高校

安田信託株式会社

朝日生命運動場

烏　山

永願寺

水　無

専光寺

永隆寺

妙寿寺

妙裕寺

玄照寺

宗橋寺

妙揚寺

順正寺

称往院

其角之墓

源正寺

常栄寺

源良院

存明寺

世　田　谷　区

万福寺

浄因寺

幸竜寺

入楽寺

多聞院

妙善寺

乗満寺

妙高寺

烏　山　町

長久保

日本鉱業中央試験所

明治乳業
烏山工場

烏山病院

給　田　町

世田谷区の烏山周辺の地図であるが、玉川上水が通る北側は杉並区で、区境付近には國學院久我山高校が見える。久我山高校の南側、妙寿寺をはじめとする26の寺院がある一帯は、関東大震災後に諸寺院が移転してきた通称「烏山寺町」で、現在はこの南側を中央高速道路がカーブしながら走っている。地図の右下にある烏山病院は、1926（大正15）年に開院した私立病院で、現在は昭和大学付属烏山病院となっている。その西側には1959（昭和34）年に都立烏山工業高校が開校し、現在は世田谷泉高校に変わっている。

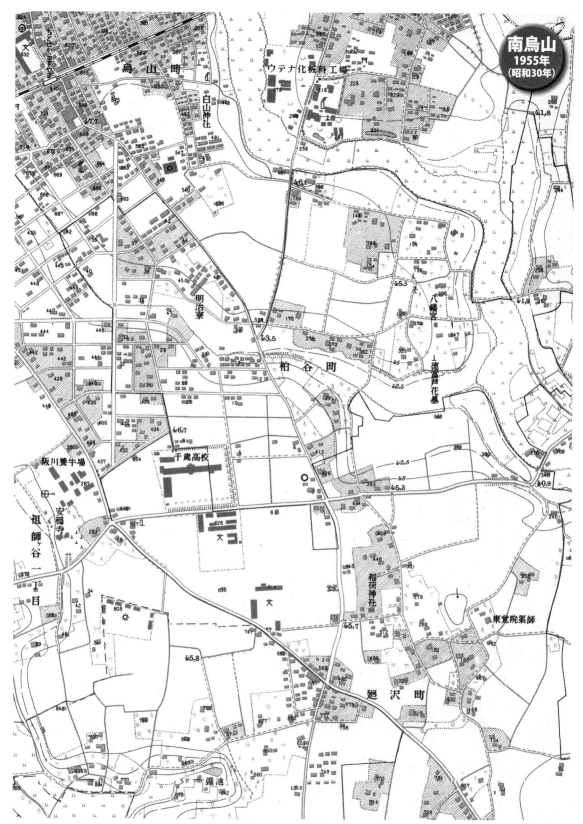

左上には小田急線が通り、千歳烏山駅が置かれている世田谷区の南烏山、粕谷、千歳台といった地区の地図である。現在、この右側には環八通り（都道311号）が走っており、徳富蘆花墓の文字があるあたりには、蘆花恒春園が整備されている。その左（西）側に見える都立千歳高等学校は、戦前の東京府立第十二中学校をルーツとする学校で、2002（平成14）年に明正高等学校と合併して蘆花高等学校となった。この南側には世田谷区立千歳中学校、塚戸小学校がある。

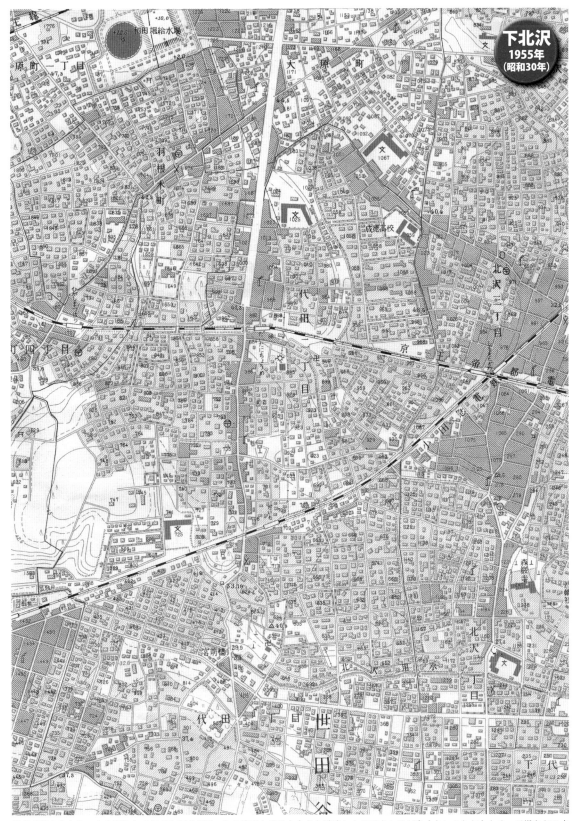

若者が集まるおしゃれな街として有名な下北沢は、この地図を見ても大きな道路からのアクセスが良くないことがわかる。工場などの大きな施設もない、小さくまとまった感じの街が独特のカルチャーと雰囲気を作り出したのかも。井の頭線の隣駅、代田二丁目（現・新代田）駅は、この時期には全通していない環七通り（都道318号）に近く、小田急線の世田谷代田駅も同様である。東松原駅の南側に見えるのは現在の世田谷区立羽根木公園で、この当時は根津山と呼ばれており、1956（昭和31）年に公園が開園する。

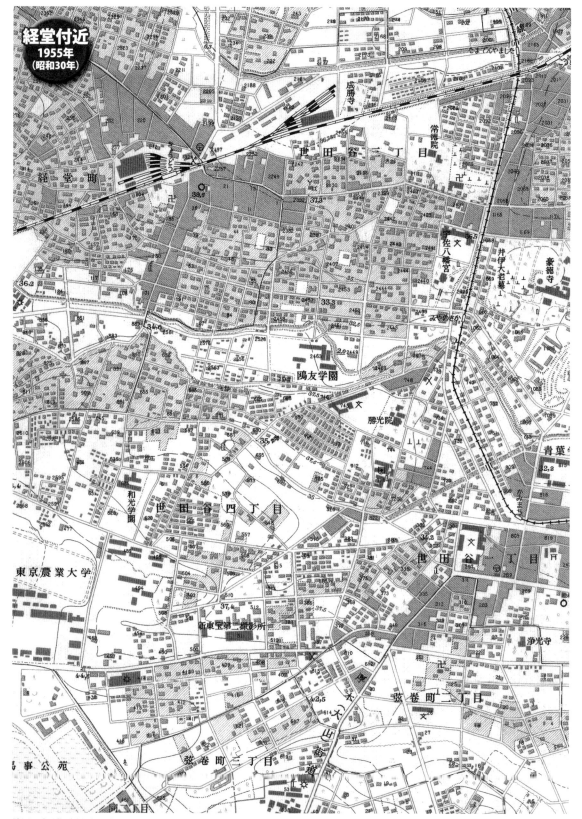

経堂付近
1955年
（昭和30年）

経堂町

世田谷三丁目

成勝寺

常徳院

文佐八幡宮

井伊大老墓

豪徳寺

鴎友学園

勝光院

青葉

世田谷四丁目

和光学園

世田谷一丁目

東京農業大学

浄光寺

新車堂第二撮影所

弦巻町二丁目

馬事公苑

弦巻町三丁目

大山街道

地図の上（北）側を走る小田急線には豪徳寺駅、経堂駅が置かれている。経堂駅付近には1927（昭和2）年の小田急線の開業以来、経堂工場（車庫、後に検車区）が置かれていたが、その後に相模大野に移転している。右（東）側を南北に走る東急上高井戸（現・世田谷）線には玉電山下、宮の坂、上町停留場（駅）が見える。左下（南西）には東京農業大学と馬事公苑が広がっている。馬事公苑は1940（昭和15）年、帝国競馬協会が馬術選手の育成のために開いた施設で、現在は日本中央競馬会が運営している。

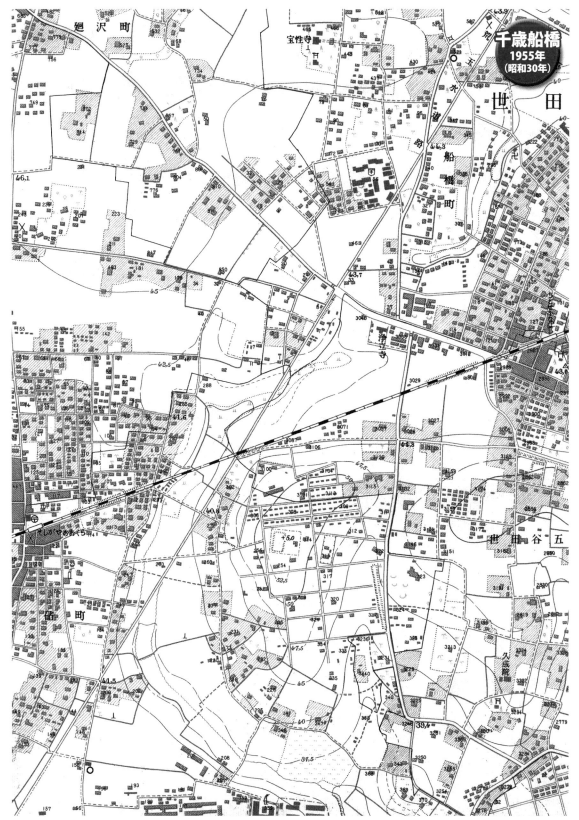

廻沢町

宝性寺

世田

船
橋
町

浄立寺

そしがやおおくら

砧
町

世田谷五

久成院

京王線の千歳船橋〜祖師ヶ谷大蔵間の沿線の地図である。このあたりはもともと北多摩郡千歳村で、1936（昭和11）年に東京市に編入されて、世田谷区の一部となった。さらにさかのぼれば、船橋村・烏山村などが合併して千歳村が成立している。1889（明治22）年の千歳村誕生時は神奈川県で、1893（明治26）年に東京府へ移管された。祖師（ヶ）谷の地名の由来は諸説あるものの、日蓮宗の開祖、日蓮を祀る祖師堂に関するとされている。この時期の住宅地は両駅の周辺に集まっていた。

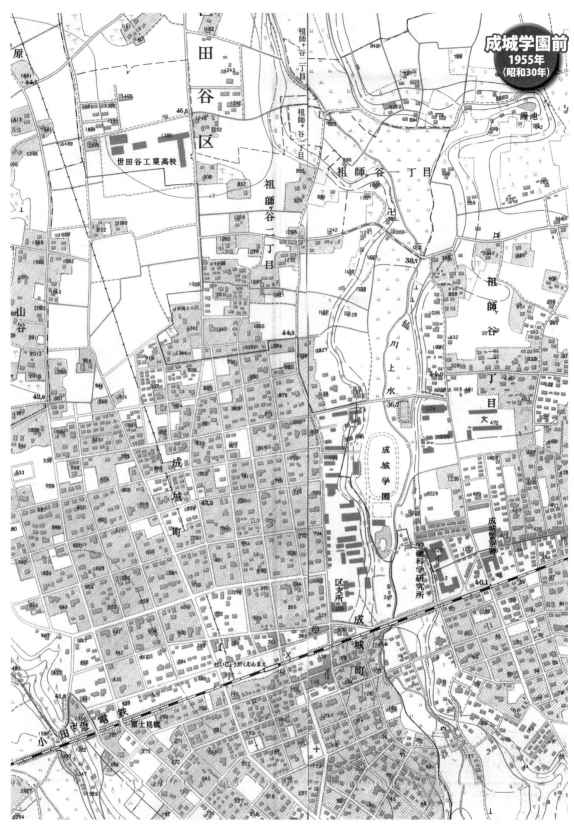

下（南）側を小田急線が横切る形で走り、成城学園前駅の北東には駅名の由来となった成城学園（現在は成城大学も）が見える。駅周辺は現在、世田谷区成城1〜9丁目となっており、西側の喜多見との間には野川が流れている。また、東側には仙川が流れており、その先は祖師谷1丁目になっている。また、小田急線の南側は砧1〜8丁目で、1936（昭和11）年に東京市に編入されるまでは北多摩郡砧村が存在した。「砧」という地名で思い出される東宝撮影所（スタジオ）は、砧と成城にまたがって存在している。

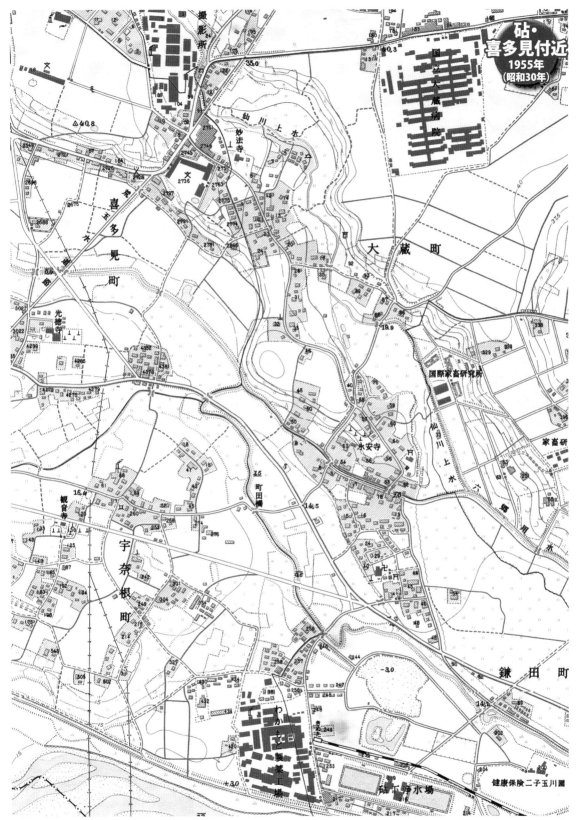

砧・喜多見付近
1955年
（昭和30年）

国立大蔵病院

撮影所

文

妙法寺

仙川上水

喜多見町

大蔵町

文
2736

光勝寺

国際家畜研究所

家畜研

永安寺

町田橋

観音寺

宇奈根町

鎌田町

わかもと製薬工場

砧下浄水場

健康保険二子玉川園

下（南）側を多摩川が流れる世田谷区南西部の地図であり、鎌田町、宇奈根町、大蔵町、喜多見町の地名が見える。この当時、多摩川の北側を走っていたのは東急玉川線の支線だった砧線である。二子玉川園〜砧本村間のわずか2.2キロの路線で、1924（大正13）年に開業した。終着駅付近には、わかもと製薬工場（現在は移転）があり、その東側には砧下浄水場が存在している。地図の北側には、東宝撮影所（砧スタジオ）の用地が見える。

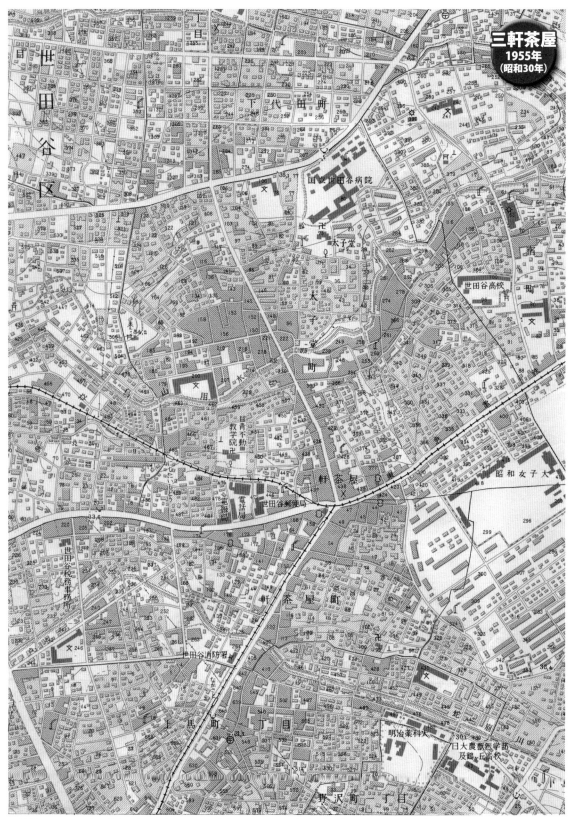

三軒茶屋では、ほぼ東西南北に道路が走っている。東急玉川（現・田園都市）線が走るのが玉川通りであり、西には世田谷通りが延び、北の下北沢方面には茶沢通りが続いている。三軒茶屋駅の東側にキャンパスが見える昭和女子大学は、1945（昭和20）年にこの地にやってきた。1980（昭和55）年に建設された人見記念講堂は、音楽公演などで有名である。1930（昭和5）年に移転してきた明治薬科大学は、1998（平成10）年に清瀬キャンパスに再移転した。

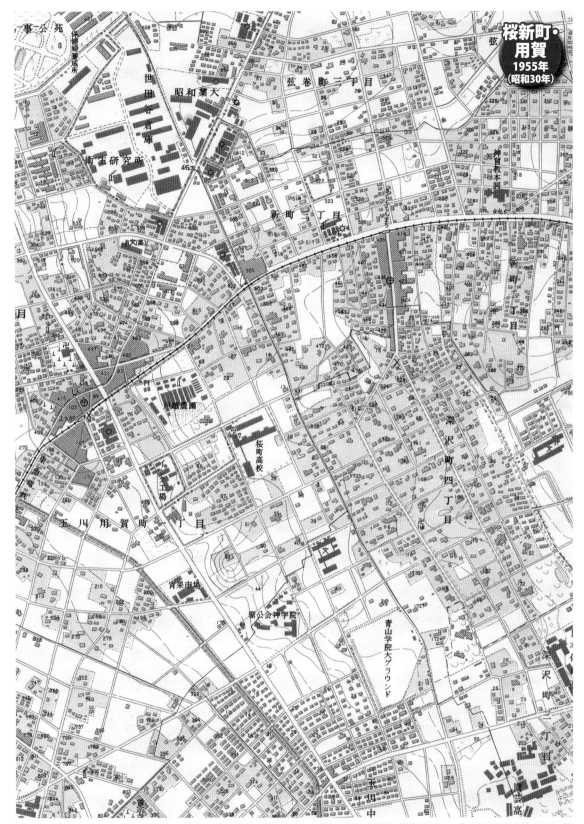

東急玉川線が走っていた時代の世田谷区桜新町、用賀付近の地図である。現在は旧大山街道（都道427号）の地下を田園都市線が通り、桜新町駅と用賀駅が置かれている。その南側には都立桜町高校があり、北西にあった戸越農園の跡地には1993（平成5）年に戸板中学校・戸板女子高校が移転してきて、現在は三田国際学園中学・高校となっている。また、インク工場は、コジマ×ビックカメラに変わっている。地図左上に見える世田谷倉庫は、陸上自衛隊用賀駐屯地となっている。

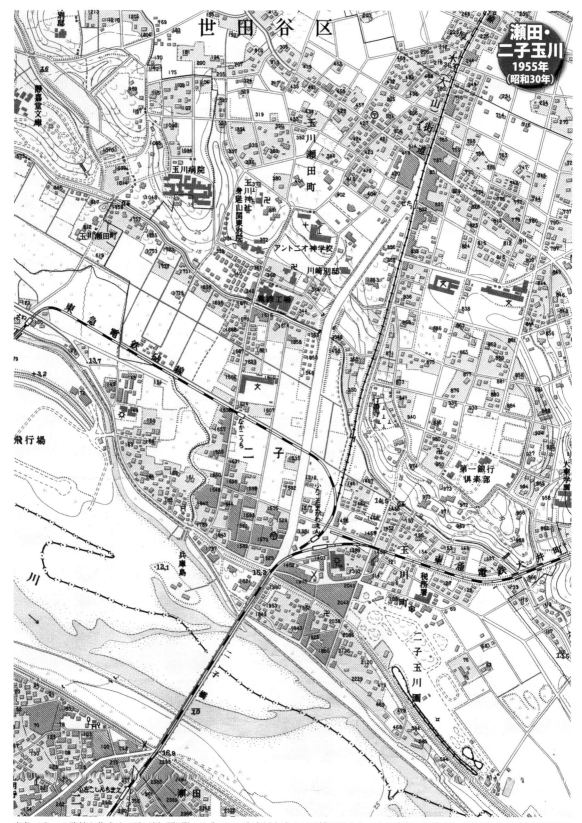

瀬田・
二子玉川
1955年
（昭和30年）

世田谷区

東急の3つの路線が集まる二子玉川（園）駅から先には、多摩川を渡る二子橋が見える。この時期には道路上を電車が走る鉄道道路併用橋であり、1966（昭和41）年の田園都市線の長津田駅への延伸時まで電車、自動車の共存が続いた。二子玉川駅の東側には、戦前から続く（一時、休園も）遊園地「二子玉川園」があったが、現在は高層ビルが建つ二子玉川ライズに変わっている。東急3路線のうち、田園都市線と大井町線は存続しているものの、中耕地駅方面に向かう砧線は1969（昭和44）年に廃止された。

多 カ 町 三 丁 目

自由ヶ丘

玉川保健所

玉川等夕カ町二丁目

東急寮

九 品 佛 池

浄 真 寺

九品仏

玉川聖学院

为 町 一 丁 目

玉川奥沢町二丁目

玉川奥沢町三丁目

世 田 谷 区

玉川田園調布一丁目

玉川尾山町

玉 川 浄 水 場

同

自由

この地図では中央付近を大井町線が横切り、右（東）側を東横線が南北に走っている。田園調布駅の手前では、目蒲（現・目黒）線が合流
している。世田谷区のこのあたりでは、地名に「玉川」が冠されていたが、現在は消えてシンプルな「奥沢」「尾山台」などに変わっている。「九
品仏」の駅名の由来になった浄真寺は北側に見えるが、さらに北の九品仏池は現在より大きく、島も見えている。南に見える玉川浄水場
の西側にある学校（文）は、田園調布双葉幼稚園・小・中・高校である。

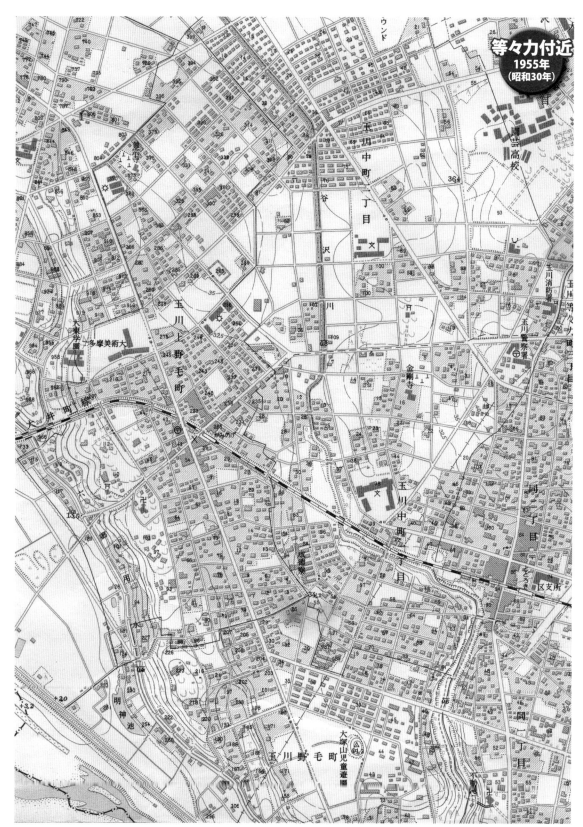

東急大井町線が中央を走る等々力駅、上野毛駅付近の地図である。南下しながら大井町線に沿って流れている谷沢川は多摩川と合流する一級河川で、下流は景勝地の等々力渓谷となっている。地図の下（南）側には現在、環八通り（都道311号）が走っており、野毛３丁目に置かれている玉川インターチェンジで、第三京浜道路（国道466号）に接続している。第三京浜道路は1964（昭和39）年に一部が開通し、翌年（1965年）に全通した。左下（南西）には多摩川の流れが見える。

等々力付近
1955年
（昭和30年）

第2章
Shibuyaku

渋谷区

【渋谷町公会堂（大正期）】
現在の渋谷区の前身である渋谷町は、1909（明治42）年に渋谷村から昇格して誕生している。この渋谷町公会堂は1918（大正7）年に現在の恵比寿西に竣工した。1932（昭和7）年の渋谷区誕生後は税務署や学校の校舎などに使用されていたが、太平洋戦争の戦災で焼失した。

渋谷付近
1960（昭和35）年

ゆるやかなカーブで流れるように進む山手線。中央やや左には渋谷駅が置かれている。その横には東横百貨店（東急百貨店東横店）が見え、西に進む東急井の頭線と、東に進む営団地下鉄（現・東京メトロ）銀座線が見える。駅周辺を中心にしてビルの姿はあるものの、その数は少なく高層ビルはまだ出現していなかった。右奥に見える木々の茂る森林は明治神宮で、NHK放送センターはこの時期、オープンしていない。渋谷駅の東側には東急文化会館が建っている。
◎撮影：読売新聞社

渋谷駅
1963（昭和38）年

渋谷駅の南側を跨いで走る首都高速3号渋谷線。東京オリンピック開催を翌年に控えて、高速道路建設が進められていた頃の渋谷駅付近の空撮で、奥の青山方面から手前の南平坂方面へは国道246号（青山通り・玉川通り）の中央分離帯付近で橋脚などの工事が行われていた。首都高速3号渋谷線は1964（昭和39）年10月1日に渋谷4丁目の暫定出入口〜渋谷出入口間の1.3キロが完成し、東京オリンピックの開催にぎりぎり間に合う形となる。用賀までの全線が開通し、東名高速道路と接続されるのは1971（昭和46）年である。
◎撮影：読売新聞社

宇田川町
1964（昭和39）年

ワシントンハイツの跡地に姿を現わした東京オリンピック放送センター。この後、NHK放送センターとなって現在に至っている。奥には国立代々木競技場の第一・第二体育館が見える。その手前には渋谷区役所が見えるが、2016（平成28）年に建て替えが始まり、2018（平成30）年に地上15階、地下2階の現在の庁舎に変わった。手前に広がるのは渋谷区松濤1丁目・2丁目の街。もともとは鍋島家の茶園があった場所だが、関東大震災後に分譲されて高級住宅地となった。
◎撮影：朝日新聞社

ワシントンハイツ
1961（昭和36）年

戦前、明治神宮の森の南側に広がっていた
陸軍の代々木練兵場は戦後、アメリカ軍の
住宅「ワシントンハイツ」に変わった。1946
（昭和21）年に建設された兵舎や学校、
商店などが点在するワシントンハイツは、
当時の貧しい日本とは別世界の物資があ
ふれる豊かな場所だった。この写真が撮ら
れた直前の1961（昭和36）年11月、日本
に返還されることが決定し、1964（昭和
39）年に開催される東京オリンピックの
選手村、国立代々木競技場などの用地とな
り、NHK放送センターが建設された。
◎撮影：読売新聞社

外苑ハウス
1964(昭和39)年

神宮球場と秩父宮ラグビー場が見える渋谷区神宮前2丁目付近の空撮で、中央下に見えるくの字形の建物は外苑ハウスである。もともとは1964(昭和39)年に開催された東京オリンピックに来日する外国の報道陣のための宿舎として建てられたもので、オリンピック終了後は分譲住宅となっていた。2020(令和2)年、地上23階、地下1階の分譲マンション「THE COURT 神宮外苑」に建て替えらえた。奥には國學院高校と都立青山高校が並んで存在している。
◎撮影:朝日新聞社

恵比寿
1969（昭和44）年

山手線の恵比寿駅付近の空撮で、駅の北西には都電の分岐点だった渋谷橋交差点が見える。渋谷橋交差点は明治通り、駒沢通りなどが交わる五差路交差点で、中目黒方面に向かう駒沢通り（都道416号）の起点となっている。山手線の単独駅だった恵比寿駅には、1964（昭和39）年に営団地下鉄（現・東京メトロ）日比谷線が延伸してきた。一方で、1967（昭和42）年には駅前を走っていた都電が廃止されている。駅の所在地は渋谷区恵比寿南1丁目である。
◎撮影：読売新聞社

恵比寿南
1957（昭和32）年

山手線の線路が通っているこの写真の下（東）部は渋谷区だが、この前年（1956年）までイギリス連邦占領軍（オーストラリア軍）が進駐していた、旧エビスキャンプが見える上（西）部は目黒区で、キャンプ跡地は現在、防衛省目黒地区となって陸上・海上・航空自衛隊の施設がある。大きな池が見えるのは日本麦酒会社の目黒工場で、この工場で造られた「ヱビスビール」が「恵比寿」の地名の由来となったことはよく知られている。現在は恵比寿ガーデンプレイスに変わり、サッポロ本社、東京都写真美術館などが存在している。
◎撮影：朝日新聞社

日赤中央病院
1971（昭和46）年

上（北）側を首都高速3号渋谷線、青山通り（国道246号）が通っている港区南青山、渋谷区広尾付近の空撮で、中央付近には日本赤十字社中央病院（現・日本赤十字社医療センター）が広がっている。この病院が開院したのは1891（明治24）年で古い歴史があり、この頃には古い病棟が老朽化し、改築を待っていた。現在は2010（平成2）年に完成した新病棟が使用されている。通りを挟んだ左（西）側にあるのは東京女学館高校。1888（明治21）年に開校した女子教育の名門校で、1923（大正12）年に現在地に移転した。
◎撮影：読売新聞社

代々木
1963（昭和38）年

1963（昭和38）年、首都高速4号新宿線の建設が進められていた頃の代々木、千駄ヶ谷付近であり、手前が北の北参道交差点方向である。首都高速4号新宿線はこの翌年（1964年）8月に三宅坂JCT〜初台仮出入口間が開通する。全線が開通するのは1976（昭和51）年である。左に見えるのは明治神宮の森で、明治神宮は毎年の正月に日本一となる数の初詣客が訪れる場所である。明治通り（都道305号）の北参道付近には2008（平成20）年に東京メトロ副都心線の北参道駅が開業する。
◎撮影：朝日新聞社

国立競技場
1961（昭和36）年

右（北）側を中央線が走る千駄ヶ谷駅付近の空撮で、さらに右側には新宿御苑の緑地が広がっている。左奥の緑の林（森）の部分は明治神宮である。左下に見えるのは1925（大正14）年に開館した青年団のための宿泊施設「日本青年館」（初代）で、1979（昭和54）年に二代目の建物に変わり、2017（平成29）ヶに二代目の日本青年館ホルが誕生した。中央部分には国立霞ヶ丘競技場、東京体育館がある。2019（令和元）年には、東京2020オリンピック競技大会のための新国立競技場が竣工する。
◎撮影：朝日新聞社

初台
1962（昭和37）年

甲州街道（国道20号）、京王線が走る西新宿～初台付近で、名物だった東京ガスのガスタンクが右側に見える。このガスタンクは1990（平成2）年に撤去されて、新宿パークタワーに変わった。湾曲しながら地上を走っていた京王線はこの後に地下化されて、跡地は緑道などになっている。さらに2年後の1964（昭和39）年には首都高速4号新宿線の三宅坂JCT～初台仮出入口が開通する。この付近には首都高速中央環状線（山手通り）と結ばれる西新宿ジャンクションも誕生し、周囲の風景も大きく変わった。
◎撮影：朝日新聞社

幡ヶ谷付近
1963（昭和38）年

1964（昭和39）年の東京オリンピックの
マラソン競技は、国立競技場をスタート、
ゴール地点として、調布市にある現在の味
の素スタジアム南側が折り返し地点となっ
て実施された。このとき優勝（ローマ大会
からの連覇）したエチオピアのアベベ・ビ
キラ選手らは、幡ヶ谷付近の甲州街道を
走ったのである。この空撮に見える幡ヶ
谷駅は地上に存在していたが、1978（昭
和53）年、京王線の新宿～笹塚間の複々
線化、京王新線の誕生に伴い、地下駅と変
わっている。
◎撮影：読売新聞社

笹塚付近
1963(昭和38)年

東京オリンピック開催の前年(1963年)、渋谷区の笹塚駅周辺の空撮である。中央を南北に通るのは中央本線の中野駅から南に伸びる中野通り(都道420号)で、この時期には甲州街道より南側は開通していない。現在と比較して大きく異なる点は、首都高速4号新宿線が開通していないこと、京王線が地上を走っていたことである。中央やや左、甲州街道の北側に見える学校は渋谷区立笹塚小学校である。さらに北側には区立笹塚中学校が存在し、富士見丘中学校・高校も見えている。
◎撮影:読売新聞社

渋谷付近
1975（昭和50）年
画像提供：国土地理院

南北に走る山手線には東急東横線、京王井の頭線、営団地下鉄（現・東京メトロ）銀座線が始発駅とする巨大なターミナル駅、渋谷駅が見える。駅の東側には東急文化会館のドーム（プラネタリウム）が見え、青山通り（国道246号）沿いにこの年（1975年）に竣工した東邦生命ビル（現・渋谷クロスタワー）が建っている。渋谷駅の北西、ハチ公口の先には有名な渋谷スクランブル交差点があり、歴史に包まれた道玄坂を上れば、道玄坂上で玉川通りに合流する。左上（北東）に向かう文化村通りを上れば、東急百貨店本店・文化村に至る。

恵比寿付近
1975（昭和50）年

画像提供：国土地理院

上(北)には、明治通りの並木橋交差点から代官山方向に延びる八幡通りが山手線を渡る猿楽橋が見える。下(南)を走るのは東横線である。右下(南東)をカーブしながら通っているのは駒沢通り(都道416号)で、中目黒駅方向に延びてゆく。恵比寿と代官山の中間あたり、駒沢通りの北側にある学校は渋谷区立長谷戸(ながやと)小学校で、1912(明治45)年に創設された歴史の古い学校。童謡「夕焼小焼」の作曲家、草川信が教師を務めていたこともある。右下(南東)の山手線上に置かれているのは恵比寿駅で、営団地下鉄(現・東京メトロ)日比谷線との連絡駅となっている。

原宿付近
1975（昭和50）年
画像提供：国土地理院

左下（南西）に位置しているのは国鉄の原宿駅である。駅の南側には、山手線を渡って明治神宮に続く五輪橋が架けられており、北に向かって神宮の森が広がっている。東側に続くのは、パリのシャンゼリゼ通りにもたとえられる表参道。明治通りと交わる神宮前交差点にはラフォーレ原宿がある。明治神宮を代々木側に進むと東郷神社の緑が見え、外苑（現・原宿外苑）中学校が存在している。その先にあった原宿警察署は2009（平成21）年、約1キロ南の現在地に移転してきた。

千駄ケ谷付近
1975（昭和50）年
画像提供：国土地理院

左（西）側に見える明治神宮の深い森に沿って山手線が南北に通っており、内側の線路である山手貨物線は現在、湘南新宿ラインとして利用されている。その内側には明治通り（都道305号）が見え、かつては都営トロリーバスが走っていた。上（北）には中央本線の線路と首都高速4号新宿線が東西に走り、さらに新宿御苑の緑が広がっている。右（東）側には神宮外苑の緑が見えて、国立競技場や神宮球場といったスポーツ施設、聖徳記念絵画館などが建っている。その西側の道路は、外苑西通り（都道418号）と呼ばれている。

昭和初期の渋谷

渋谷駅付近　1930（昭和5）年頃
ゆるやかにカーブする線路の上には、2両の路面電車が走っている。渋谷駅前では東京市電、玉川電車（玉川電気鉄道・玉電）の本線とともに、天現寺橋・中目黒方面に向かう玉電の経営する路線もあった。この路線（後の都電天現寺線）は1922（大正11）年に渋谷〜渋谷橋間が開業し、1924（大正13）年に渋谷橋〜天現寺橋間が延伸した。1927（昭和2）年には中目黒線の渋谷橋〜中目黒間が開業している。

渋谷駅付近　1935（昭和10）年頃
中央付近に東京市電、左に国鉄（省線）の渋谷駅が見える渋谷駅前の風景である。奥に見える久地梅林は現在の川崎市高津区にあった梅の名所で、奥に看板のある玉川電車（玉川電気鉄道・玉電）や南武鉄道（現・JR南武線）が沿線の観光名所として宣伝していた。その右には帝都電鉄（現・京王井の頭線）の絵図（路線図）がある。なお、現・南武線の久地駅は1927（昭和2）年、南武鉄道の久地梅林駅として開業している。

渋谷・道玄坂　1935（昭和10）年頃
関東大震災の後、大いに発展した渋谷・道玄坂の商店街の賑わいぶりがうかがえる。中でも、坂の途中、道玄坂2丁目にある百軒店は西武グループの創業者、堤康次郎が被災した下町の名店を誘致して商店街を作り上げたことで、一時期は浅草六区をしのぐ繁華街となっていた。奥に見えるのは東横百貨店。1934（昭和9）年に創業したモダンなターミナルデパートで、東急百貨店東横店となった後、2020（令和2）年に閉店した。

松濤の住宅地　1935（昭和10）年頃
舗装されていない坂道の道路の途中に4人のかわいい子どもたちがいる風景で、渋谷区松濤の風景と説明されている。渋谷の奥にあたる現・松濤1，2丁目は戦前から高級住宅地として有名で、皇族の邸宅があったことでも知られていた。現在の区立鍋島松濤公園は明治期にこの場所を譲り受けた旧佐賀藩主、鍋島家の屋敷跡である。

渋谷区内の鉄道駅舎

恵比寿駅は1901(明治34)年、日本鉄道の貨物駅として誕生している。現在の駅の南側に日本麦酒醸造(現・サッポロ)のビール工場があり、ビール出荷専用の貨物駅だった。1906(明治39)年に北側に移転し、旅客駅となった後も、ビール工場へ向かう専用線が存在していたが、1982(昭和57)年に廃止されている。◎恵比寿　1964(昭和39)年　撮影：荻原二郎

渋谷駅は1885(明治18)年3月に日本鉄道品川(現・山手)線の駅として開業している。開業当時の隣駅は品川駅と新宿駅で、開業から半月後に目黒駅が開業した。開業当時は東京府南豊島(後に豊多摩)郡の渋谷村にあり、1909(明治42)年に渋谷町となった後も、渋谷町の中心は恵比寿(南)側に存在した。◎渋谷　1956(昭和31)年　撮影：荻原二郎

原宿駅は1906（明治39）年に開業
するが、当時の駅舎は現在よりも
北側にあり、豊多摩郡千駄ヶ谷村
に存在した。1924（大正13）年に
現在地に移転して建てられた二代
目駅舎は、その後も長く使用され
続け、2020（令和２）年の新駅舎（三
代目）使用後も、隣り合う形で保存さ
れることになっている。
◎原宿
1965（昭和40）年
撮影：荻原二郎

代々木駅は、日本鉄道品川（現・
山手）線の開通時には存在せず、
1906（明治39）年に甲武鉄道（現・
中央本線）の開通時に誕生し、
1909（明治42）年に山手線の列車
も停車するようになった。山手線
と中央本線が合流する駅のため、
２面２線の相対式ホームが１面２
線の島式ホームを挟む、３面４線
の構造の高架駅となっている。
◎代々木
1962（昭和37）年
所蔵：フォト・パブリッシング

1904（明治37）年、甲武鉄道（現・
中央本線）の駅として誕生した千
駄ヶ谷駅。東京オリンピックの会
場となった国立競技場（現・新国立
競技場）の最寄り駅となっており、
連絡する都営地下鉄大江戸線の駅
は「国立競技場」を名乗っている。
南西には東京メトロ副都心線の北
参道駅が存在している。
◎千駄ヶ谷
1966（昭和41）年
撮影：山田虎雄

京王線の初台駅は1964（昭和39）年に地下化されるが、これはその前年（1963年）の地上駅だった頃の姿である。この頃は相対式ホーム2面2線をもつ駅の構造だった。現在の京王新線の初台駅は、地下2階が上り線（新宿方面）、地下3階が下り線（笹塚方面）の二層構造となっている。
◎初台
1963（昭和38）年4月4日
撮影：荻原二郎

幡ヶ谷駅

三角屋根が2つ並んだ地上駅舎が見える1965（昭和40）年の幡ヶ谷駅の風景で、現在は相対式ホーム2面2線をもつ地下駅に変わっている。駅の所在地は渋谷区の北部にあたる幡ヶ谷1丁目で、北側には中野区が張り出してくる形になっている。駅の開業は1913（大正2）年である。
◎幡ヶ谷
1965（昭和40）年1月1日
撮影：荻原二郎

笹塚駅

1965（昭和40）年に撮影された笹塚駅の駅舎、ホームである。この頃は地上駅であり、懐かしい駅前売店が見える。笹塚駅は1978（昭和53）年に高架化され、京王線と京王新線が連絡する駅となった。「笹塚」の駅名、地名は幡ヶ谷村（後の代々幡町）に甲州街道の一里塚があり、笹やぶであったことに由来する。
◎笹塚
1965（昭和40）年1月1日
撮影：荻原二郎

神泉駅

地上駅だった頃の神泉駅の小さな
駅舎である。所在地は渋谷区神泉
町で、かつては花街だった円山町
にも近い場所にある。この頃はホー
ムの長さが足りずに吉祥寺寄りの
2両の車両ドアが開けられない状
況だった。空鉢上人にゆかりがあ
り、弘法大師の開湯伝説を伴った
「神仙水」の存在があったことが地
名の由来で、明治期には温泉娯楽
施設の「弘法湯」が存在した。
◎神泉
1962（昭和37）年11月10日
撮影：荻原二郎

南新宿駅

「南新宿」の駅名を名乗りながら、
渋谷区代々木2丁目に存在する小
田急線の駅である。1927（昭和2）
年の開業以来、駅名は変遷を重ね
ており、当初の「千駄ヶ谷新田」
から「小田急本社前」を経て、現
在の駅名になった。駅の構造は相
対式ホーム2面2線の地上駅であ
る。
◎南新宿
1963（昭和38）年12月31日
撮影：山田虎雄

参宮橋駅

東側に広がる明治神宮へ渡る跨線
橋が存在することから駅名が付い
た参宮橋駅。駅の開業は1927（昭
和2）年で、構造は相対式ホーム2
面2線を有する地上駅である。南
側には、ワシントンハイツにあっ
た独身将校用宿舎が東京オリン
ピック時に女子宿舎として利用さ
れた建物が存在したが、現在は国
立オリンピック記念青少年総合セ
ンターとなっている。
◎参宮橋
1979（昭和54）年
撮影：山田虎雄

代々木八幡駅

代々木八幡駅をこの当時は電化されていなかった、国鉄（現・JR）の御殿場線直通用の気動車列車が通過してゆく。代々木公園駅の西側に位置する代々木八幡駅付近では、新宿方面から南下してきた小田急線が西に大きくカーブしていた。2019（平成31）年に新駅舎がお披露目されて、ホーム構造も大きく変わっている。
◎代々木八幡
1963（昭和38）年12月31日
撮影：荻原二郎

代々木上原駅

2台のバイクが停まっている代々木上原駅の駅前風景である。東京オリンピックの前年（1963年）の撮影で、この後、代々木上原駅附近の小田急線は高架化されて、1977（昭和52）年に新しい駅舎が誕生する。翌年（1978年）には、営団地下鉄（現・東京メトロ）千代田線が乗り入れることになり、駅周辺も大いに発展していった。
◎代々木上原
1963（昭和38）年12月31日
撮影：荻原二郎

代官山駅

戦前から同潤会アパートなどが建っていた閑静な住宅地である渋谷区代官山地区の玄関口、東横線の代官山駅である。この頃の駅舎は現在と比べて小さく、ホームも短かったため、1986（昭和61）年から駅舎の全面的な改良工事が行われ、ホームも延伸されてドアカットの不便さも解消された。
◎代官山
1964（昭和39）年8月22日
撮影：荻原二郎

渋谷区内の1万分の1地図

建設省地理調査所発行地形図

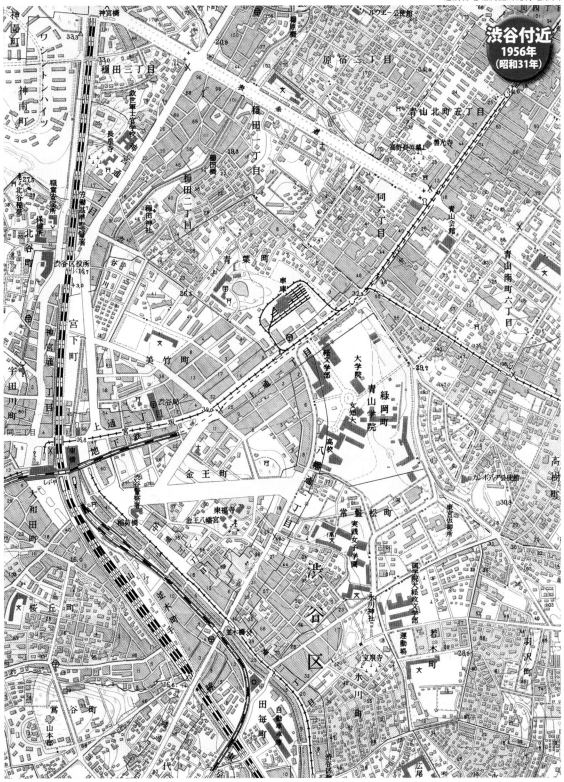

渋谷付近
1956年
（昭和31年）

1956（昭和31）年といえば、渋谷駅東口に東急文化会館が開館した年である。建築家の板倉準三が設計したこの建物は、山の手・渋谷にある娯楽の殿堂として長く人々に親しまれていった。一方、この時期には青山通り沿いに都電の青山車庫が存在していた。廃止されるのは1968（昭和43）年で、跡地はこどもの城・青山劇場、国連大学などに変わった。通りの向かいには、青山学院大学のキャンパスが広がっている。

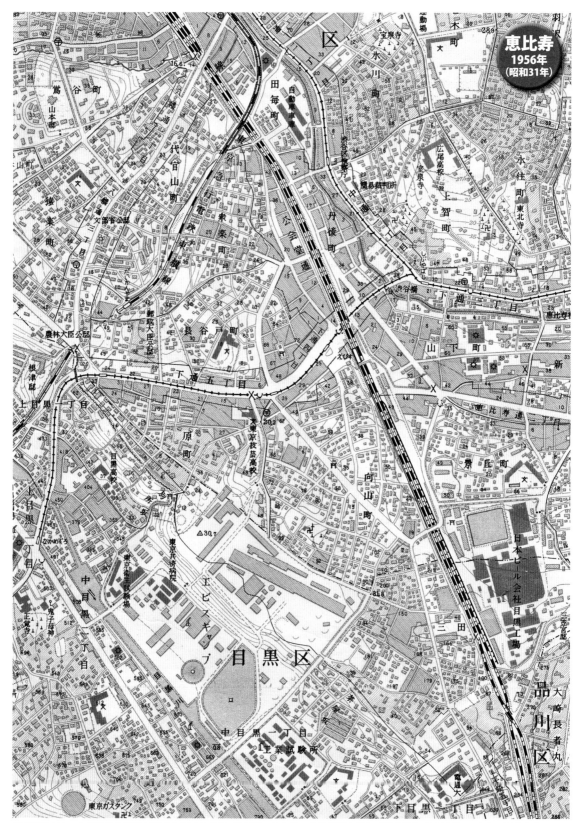

都電路線があった頃の恵比寿駅付近の地図であるが、渋谷駅〜渋谷橋〜中目黒間を結ぶ天現寺線と中目黒線は、東急田園都市線のルーツである玉川電気鉄道（玉電）が開いた路線である。恵比寿の代名詞ともいえるビール工場は、日本ビール会社目黒工場と記されている。山手線の外側、目黒川沿いに広がっているエビスキャンプは現在、航空自衛隊目黒基地、陸上自衛隊目黒駐屯地などになっている。山手線と東横線が交差する並木橋付近に見える自動車庫は、都営渋谷東二丁目第２アパートになっている。

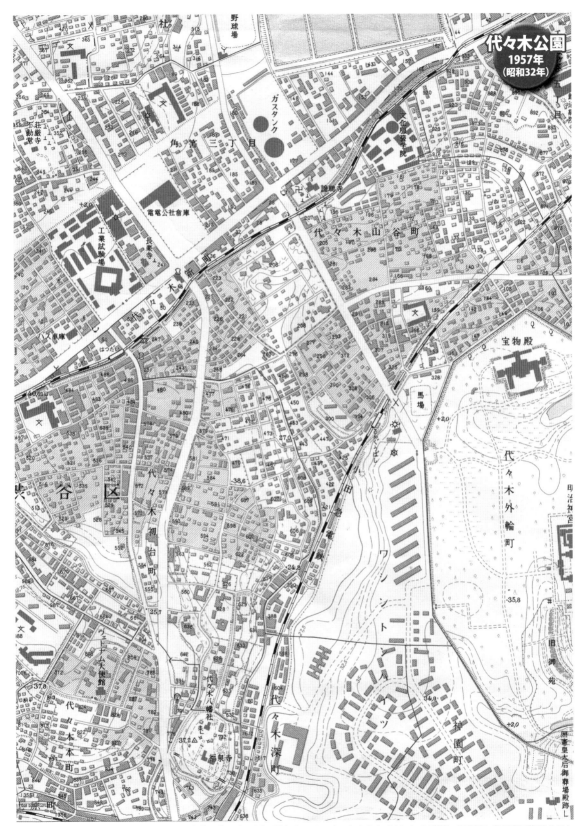

代々木公園
1957年
（昭和32年）

現在の地図を見れば、参宮橋駅のある小田急線は代々木公園の緑を走っていることがわかるが、この時期には東側に在日米軍施設のワシ
ントンハイツがあった。ここは戦前には陸軍の代々木練兵場だった場所で、代々木御料地だった東側には1920（大正9）年、明治神宮が
創建されている。一方、北側の甲州街道（国道20号）に沿う形で、京王線が通っており、初台駅が置かれている。初台駅の住所は渋谷区初
台1丁目である。駅そばの（東京）工業試験場は現在、新国立劇場になっている。

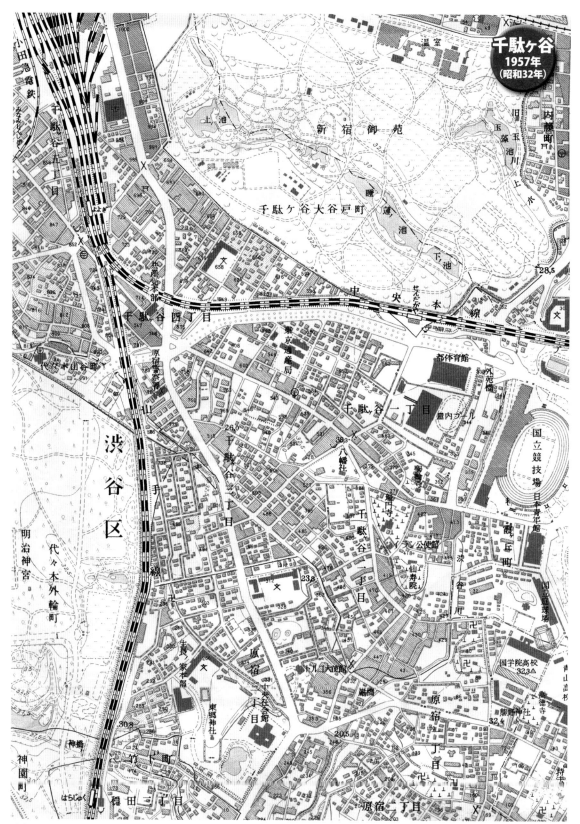

千駄ヶ谷は渋谷区の北端にあたり、新宿区内藤町との境界は新宿御苑の睡蓮池付近を通っている。既に国立競技場、東京都体育館は存在しているが、国立能楽堂は誕生していない。日本将棋会館も1976（昭和51）年の建設であり、この地図には見えない。地図の上（北）側、代々木駅付近に見える日本共産党本部は、「代々木」という通称で知られるものの、住所は渋谷区代々木ではなく千駄ヶ谷4丁目である。山手線の外側を通っている小田急線は、南新宿駅が渋谷区代々木2丁目に置かれている。

第3章
Meguroku

目黒区

【目黒不動尊（昭和戦前期）】
江戸の三大不動尊のひとつとして多くの人々の崇敬を集めてきた目黒不動尊。正式な名称は天台宗の泰叡山滝泉寺であり、不動明王像を本尊にしていることから、江戸五色不動にも数えられている。さつまいもの栽培で有名な儒学者、蘭学者の青木昆陽の墓があることでも知られる。

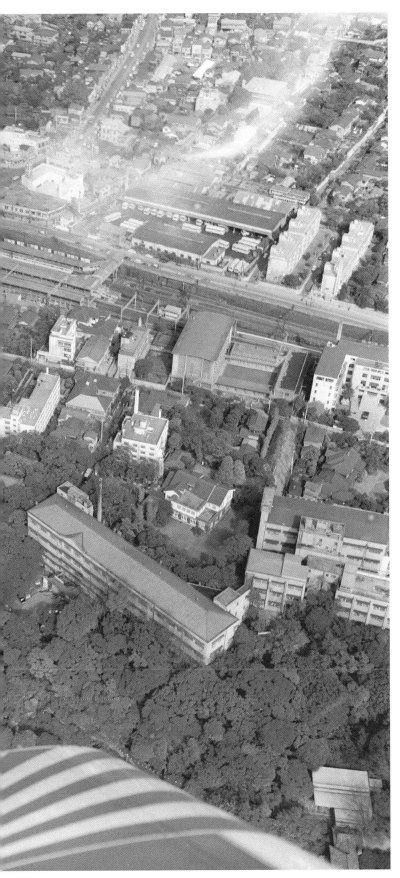

目黒
1963（昭和38）年

手前には目黒川が流れ、目黒雅叙園の緑
豊かな敷地とともに駅に続く権之助坂の
商店街が見える、山手線の目黒駅付近の空
撮である。ビートきよしが「雨の権之助坂」
を歌ったのが1981（昭和56）年だから、
この風景はその18年前（1963年）という
ことになる。坂の名の由来は、江戸時代に
このあたり（中目黒村田道）の名主だった
菅沼権之助で、さまざまな説はあるもの
の、この坂を開いた人物だった。それ以前
は右側に続く急な行人坂しか存在せず、荷
を運ぶ人々の苦労を救った人物とされて
いる。
◎撮影：朝日新聞社

中目黒駅付近
1972（昭和47）年

右手に目黒川が流れ、山手通り（都道317号、環状六号）が走る中目黒駅付近の空撮である。駅付近には「東光ストア」（現・東急ストア）の文字が見えるビルが建っており、同社の中目黒本社・本店が入っている。東横線の中目黒は1927（昭和2）年に開業し、1964（昭和39）年の営団地下鉄（現・東京メトロ）日比谷線の延伸に伴い、ホームは2面から4線に拡張されている。このときから東横線と日比谷線との相互乗り入れが実施されていたが、2013（平成25）年からは日比谷線に代わり、東京メトロ副都心線との直通運転が行われている。◎撮影：読売新聞社

自由ヶ丘
1962（昭和37）年

1961（昭和36）年、彫刻家の澤田正廣が
造った自由の女神像「あおぞら」が自由ヶ丘
（現・自由が丘）駅の正面口ロータリーに
設置された。これはその翌年（1963年）に
撮影された自由ヶ丘駅付近の航空写真で
ある。東急の東横線と大井町線が交差する
自由ヶ丘駅は1927（昭和2）年に開業。当
時の駅名は「九品仏」だったが、1929（昭和
4）年に自由ヶ丘駅となり、1965（昭和40）
年に住居表示が「自由が丘」となったこと
で、翌年（1966年）に駅名も改称された。
◎撮影：読売新聞社

緑ヶ丘・大岡山付近
1978（昭和53）年

右（南）側を湾曲しながら走る大井町線の緑ヶ丘駅の左（北）側には、お隣の大岡山駅付近から続く東京工業大学の大岡山キャンパスが広がっている。さらに左側に見える建物は、目黒区立第十一中学校で、この上（東）側の道路は呑川の流れがあった場所である。世田谷、目黒、大田区を南下しながら流れて東京湾に注ぐ呑川は現在、このあたりの流路を含めて多くが暗渠化、緑道化されている。この呑川の流路を挟んで、下（西）側が目黒区緑が丘、上側は目黒区大岡山である。◎撮影：朝日新聞社

環七通り
1963（昭和38）年

通称になった「オリンピック道路」として、開通が急がれていた環七通り（都道318号）。しかし、この写真が撮影された1963（昭和38）年には、一部の区間で用地買収・建設工事が遅れており、ルート上に住宅が残されている風景が見られた。写真は目黒区の碑文谷、大岡山付近にあった未開通区間で、既に開通している上（西）側の道路の左手に見える3階建ての建物は、目黒区立大岡山小学校である。写真撮影の翌年（1964年）には、この学校前に環七通りを渡る大岡山歩道橋が架けられている。
◎撮影：読売新聞社

駒場東大前
1956（昭和31）年

目黒区駒場の東京大学教養学部付近の空撮であるが、上（南）側を走る京王井の頭線には駒場東大前駅は見えない。駒場駅と東大前駅が統合されて、この写真に見える空き地の部分に新駅が開業するのは1965（昭和40）年である。正門前に見える13号館は1929（昭和4）年に建てられたもので、現在は国の登録有形文化財に指定されている。左側の建物は東大教養学部駒場博物館で、第一高等学校（一高）時代には図書館だった建物である。
◎撮影：朝日新聞社

目黒付近
1975（昭和50）年

画像提供：国土地理院

旧白金御料地（国立自然教育園）の緑の林が広がる山手線、目黒駅付近の空撮写真である。この南側にある旧朝香宮邸は戦後、西武の白金プリンス迎賓館などと変わった後、1983（昭和58）年に東京都庭園美術館となって公開されている。この南側を走るのは目黒通り（都道312号）、西側を走るには外苑西通り（都道418号）で、その上を首都高速2号目黒線が走っている。駅の西側には目黒川が流れ、春にはお花見の名所となって訪れる人も多い。川沿いには目黒雅叙園（現・ホテル雅叙園東京）の用地が見える。

自由が丘・奥沢付近
1975（昭和50）年
画像提供：国土地理院

東横線、大井町線、目黒線が通っている世田谷区の自由が丘、奥沢付近の地図で、この
あたりの住宅地は田園都市会社（東急）が開発、分譲を行ってきた。東横線と大井町線
が交わるのが左上（北西）の自由が丘駅で、大井町線と目黒線は左下（南西）の南側に
置かれている田園調布駅で合流する。地図右端の中央あたりにある駅は、緑が丘駅。中
央下にあるのは奥沢駅で、目黒線では唯一、目黒区内に存在しており、北側には元住吉
検車区奥沢車庫が隣接している。

昭和初期の目黒

第一高等学校　1935（昭和10）年頃
第一高等学校は、現在の東京大学教養学部や千葉大学医学部・薬学部の前身で、元は一ツ橋にあり、1889（明治22）年に本郷（向ヶ丘）に移転した。1935（昭和10）年、東京（帝国）大学農学部と用地を交換して目黒区駒場にやってきた。現在、京王井の頭線の駒場東大駅はキャンパスの前に置かれているが、もともとは東駒場と西駒場の2駅が存在し、東駒場駅が一高前駅となり、さらに東大前駅に改称した後に統合された。

目黒駅前　1930（昭和5）年頃
山手線の目黒駅の駅舎、跨線橋が写された1930（昭和5）年頃の写真で、台地の斜面に駅があるため、ホームへは駅舎から下りる形である。それから90年余りがたった現在の立派な駅舎、賑わう駅前と比べると、隔世の感があるといえる風景だろう。目黒駅は1885（明治18）年、日本鉄道品川線の駅として開業し、この頃には目黒蒲田電鉄（現・東急目黒線）との連絡となっていた。目黒駅といいながら、品川区内に存在することは広く知られている。

目黒競馬場　1930（昭和5）年頃
1907（明治40）年、当時の荏原郡目黒村に開かれたのが目黒競馬場で、1932（昭和7）年に現在の日本ダービーの前身レース、東京優駿大競走が実施された場所でもある。1933（昭和8）年に現・府中市の東京競馬場が竣工したことで廃止された。現在、東急バスには「元競馬場前」の停留場が存在し、この付近には「目黒競馬場跡」の記念碑、銅像が置かれており、「目黒記念」のタイトルがついた中央競馬の重賞レースもある。

目黒不動尊　1930（昭和5）年頃
目黒不動尊と呼ばれる瀧泉寺の仁王門が写されており、木々の間からは本堂の屋根がわずかにのぞいている。寺の創建は808（大同3）年と伝えられ、太平洋戦争の空襲で境内の建物の多くが失われた。現在の仁王門は1962（昭和37）年、本堂は1981（昭和56）年に再建されている。江戸三大不動のひとつで、江戸の三富のひとつが行われていたこともあって、多くの参詣客が訪れて、門前が賑わい、落語「目黒のさんま」なども生まれた。

目黒区内の
鉄道駅舎

東大駒場キャンパスの最寄り駅として有名な駒場東大前駅の西口駅前、改札口の風景で、吉祥寺側は高架ホームとなっている。一方、東側は橋上駅舎になっており、東大口を出て北側の階段を降りるとすぐに東大の正門がある。この西口からは日本民藝館、駒場公園、日本近代文学館などに行くのが便利である。
◎駒場東大前
1965（昭和40）年7月11日
撮影：荻原二郎

駒場東大前駅

中目黒駅ではこの2年後の1963（昭和38）年、営団地下鉄（現・東京メトロ）日比谷線の乗り入れに伴う駅改良工事が始まることとなる。中目黒駅は1927（昭和2）年の開業以来、高架駅であり、ホームの下を目黒川が流れている。ホーム下を走る道路は山手通りで、現在は首都高速3号渋谷線も走っている。
◎中目黒
1961（昭和36）年12月11日
撮影：荻原二郎

中目黒駅

祐天寺の駅名、地名は、江戸時代の名僧、祐天上人ゆかりの寺院に由来している。この頃の祐天寺駅の東口駅舎は、階上に横浜銀行の支店が入る3階建ての駅ビルとなっていた。2018（平成30）年、「atomo祐天寺」が入る6階建ての現在の駅ビルに改築されている。駅の所在地は目黒区祐天寺2丁目である。
◎祐天寺
撮影日不詳
撮影：山田虎雄

祐天寺駅

1927（昭和2）年の開業以来、駅名の改称を重ねてきた学芸大学駅。1970（昭和45）年に高架駅となって以来、改札口や駅前風景はあまり変化していない。2010（平成22）年、高架下に商業施設「GAKUDAI KOUKASHITA」がオープンし、「学大市場」「学大横丁」「東急ストア」などが入っている。
◎学芸大学
撮影日不詳
撮影：山田虎雄

学芸大学駅

都立大学駅は1961（昭和36）年の
駅改良工事により、相対式ホーム
２面２線を有する高架駅に変わっ
た。これまで駅名の改称を重ねて
きたこの駅の初代駅名「柿の木坂」
は、碑衾町（現・目黒区）の地名（字）
で、現在は町名になっている。青
木光一の歌ったヒット曲「柿の木
坂の家」とは関係はない。
◎都立大学
撮影日不詳
撮影：山田虎雄

東横線の高架ホームを背景にした
自由が丘駅の駅前風景である。東
横線と大井町線が交差する自由が
丘駅は、複数の改札口をもつ複雑
な構造であり、駅改良工事も重ね
られて、2005（平成17）年に北口改
札が完成した。また、大井町線、東
横線のホーム延伸工事も実施され
ている。
◎自由が丘
撮影日不詳
撮影：山田虎雄

目黒区緑が丘３丁目に置かれてい
る大井町線の緑が丘駅は、1929（昭
和４）年に中丸山駅として開業した
後、1933（昭和８）年に「緑ヶ丘」
となり、1966（昭和41）年に「緑が
丘」の駅名に改称している。2013
（平成25）年に駅改良工事が完了
し、現在の駅舎となった。
◎緑が丘
撮影日不詳
撮影：山田虎雄

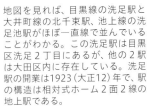

地図を見れば、目黒線の洗足駅と
大井町線の北千束駅、池上線の洗
足池駅がほぼ一直線で並んでいる
ことがわかる。この洗足駅は目黒
区洗足２丁目にあるが、他の２駅
は大田区内に存在している。洗足
駅の開業は1923（大正12）年で、駅
の構造は相対式ホーム２面２線の
地上駅である。
◎洗足
撮影日不詳
撮影：山田虎雄

目黒区内の1万分の1地図

建設省地理調査所発行地形図

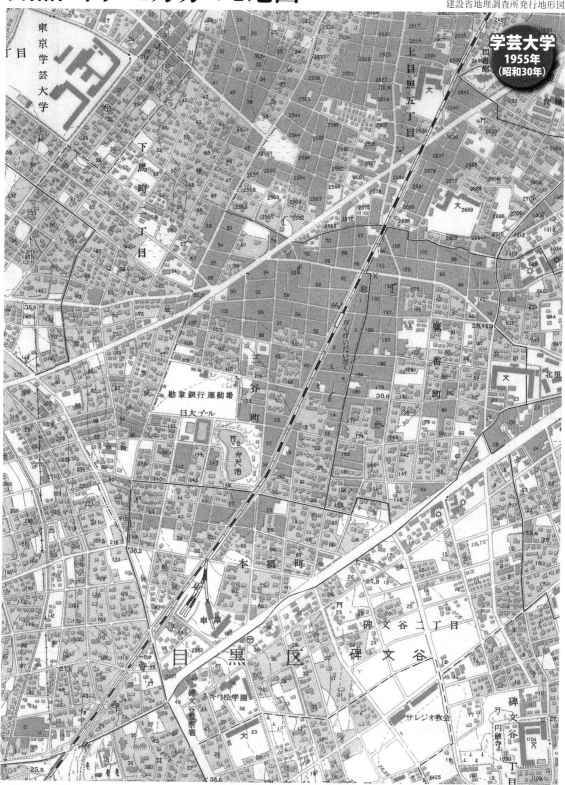

学芸大学
1955年
（昭和30年）

東横線がほぼ南北に走っている目黒区の学芸大学駅、碑文谷周辺の地図である。ちなみに学芸大学は駅名であり、この時期には駅の北西、世田谷区下馬に大学があったが、1964（昭和39）年に小金井市に移転し、現在は付属高校が残っている。学芸大学駅の所在地は目黒区鷹番3丁目で、「鷹番」の地名は江戸時代、碑文谷村に鷹番屋敷があったことに由来する。荏原郡の碑文谷村は1889（明治22）年に衾村の一部と合併して碑衾村（町）となり、1932（昭和7）年に東京市に編入された。

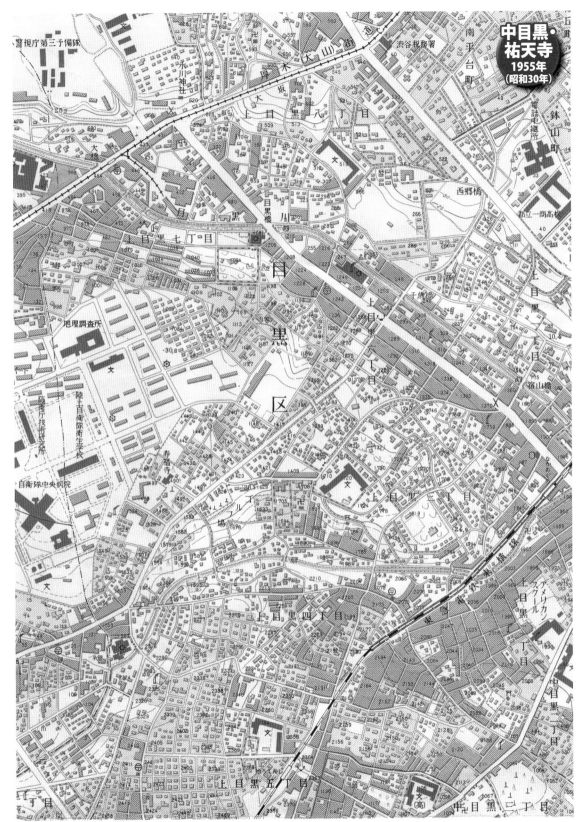

右下に東横線の中目黒、祐天寺駅が見える目黒区の地図である。上 (北) 側の南平台町、鉢山町は渋谷区である。両区の境界である旧山手通り、西郷橋の西側に広がるのが西郷山で、かつては明治の元勲、西郷従道の屋敷があった場所。現在は西郷山公園となっている。北側の厚木街道 (国道246号) を走っていたのは玉電の愛称で知られた東急玉川線。その大橋電停 (駅) の南側には自衛隊の用地が広がっている。このあたりは現在、陸上自衛隊三宿駐屯地となっており、隣接して世田谷公園が整備されている。

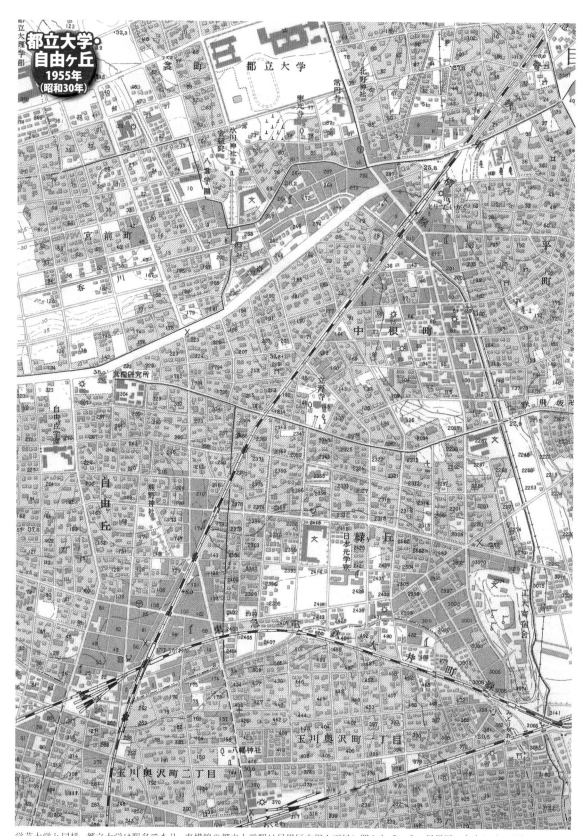

都立大学・自由ヶ丘 1955年（昭和30年）

学芸大学と同様、都立大学は駅名であり、東横線の都立大学駅は目黒区中根1丁目に置かれている。目黒区の自由が丘は現在、1～3丁目が存在する地名になっているが、もともとは学校（自由ヶ丘学園）の名称であり、1932（昭和7）年の目黒区の成立時に地名（自由ヶ丘）となった。自由が丘駅は1927（昭和2）年、東横線の開業時に九品仏駅として開業。1929（昭和4）年に自由ヶ丘駅と改称した後、1966（昭和41）年に自由が丘駅と変わっている。駅の南側は世田谷区奥沢である。

158

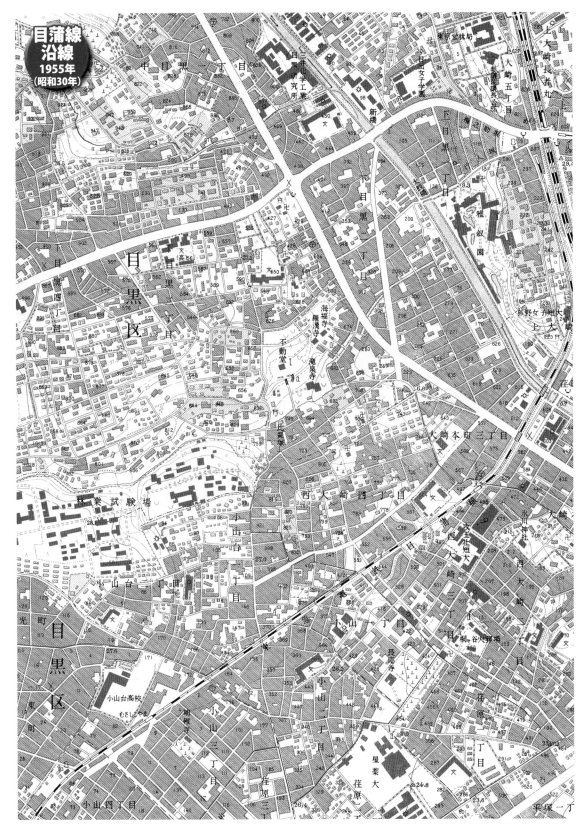

目蒲線
沿線
1955年
(昭和30年)

品川区上大崎にある目黒駅から延びる東急目黒線はこの当時、目蒲線と呼ばれていた。お隣の不動前、武蔵小山、西小山駅も品川区であり、次の洗足駅が目黒区で、さらに先の大岡山駅は大田区に置かれている。この地図で広い面積を占めているのが、現在は林試の森公園となっている林業試験場である。この試験場は1978(昭和53)年につくば市に移転し、1989(平成元)年に都立公園が開園した。もうひとつは目黒駅に近い雅叙園。結婚式場、ホテルとして有名で、レストランも人気がある。

【著者プロフィール】

生田 誠（いくた まこと）

1957年、京都市東山区生まれ。実家は三代続いた京料理店。副業として切手商を営んでいた父の影響を受け、小さい頃より切手、切符、展覧会チケットなどの収集を行う。京都市立堀川高校を卒業して上京し、東京大学文学部美術史専修課程で西洋美術史を学んだ。産経新聞文化部記者を早期退職し、現在は絵葉書・地域史研究家として執筆活動などを行っている。著書は「ロスト・モダン・トウキョウ」（集英社）、「モダンガール大図鑑　大正・昭和のおしゃれ女子」「図説 なつかしの遊園地・動物園」（河出書房新社）、「2005日本絵葉書カタログ」（里文出版）、「日本の美術絵はがき　1900-1935」（淡交社）、「東京古地図散歩【山手線】」（フォト・パブリッシング）ほか多数。

【写真撮影】

荻原二郎、竹中泰彦、山田虎雄、朝日新聞社、読売新聞社

1960年代～80年代
空から見た世田谷区・
渋谷区・目黒区の
街と鉄道駅

2022年12月1日　第1刷発行

著　者……………………生田 誠
発行人……………………高山和彦
発行所……………………株式会社フォト・パブリッシング
　　　　　　　　　　　〒161-0032　東京都新宿区中落合2-12-26
　　　　　　　　　　　TEL.03-5988-8951 FAX.03-5988-8958
発売元……………………株式会社メディアパル（共同出版者・流通責任者）
　　　　　　　　　　　〒162-8710　東京都新宿区東五軒町6-24
　　　　　　　　　　　TEL.03-5261-1171 FAX.03-3235-4645
デザイン・DTP……………柏倉栄治
印刷所……………………株式会社シナノパブリッシング

ISBN978-4-8021-3370-8 C0026